GUSTAVE
LE MAUVAIS SUJET

II

ŒUVRES ILLUSTRÉES

DE

PAUL DE KOCK

GUSTAVE
LE MAUVAIS SUJET

II

PARIS
JULES ROUFF ET Cie, ÉDITEURS
CLOITRE-SAINT-HONORÉ

Tous droits réservés

GUSTAVE
LE MAUVAIS SUJET

CHAPITRE PREMIER

MÉPRISE. — LA PATROUILLE. — LA PETITE
BLANCHISSEUSE.

— Voilà ce que c'est!... se disait Gustave en descendant le faubourg Saint-Martin; je veux toujours agir sans réfléchir, et je fais sans cesse des sottises !

Avec un peu de réflexion, je ne serais point allé à cette noce, où j'étais fort déplacé, et alors je n'aurais pas mis en l'air le *Boisseau-Fleuri* !... madame Ratel ne m'aurait pas appris qu'elle pisse au lit quand elle boit de l'eau; la petite veuve ne serait pas descendue au jardin, elle aurait dansé avec tout le monde; ce nigaud d'ébéniste ne se serait pas battu avec moi; je n'aurais pas l'œil en compote et le nez enflé; le marié ne serait pas allé chercher un chapeau dans le petit cabinet noir où sa chère moitié s'était enfermée avec cet imbécile qui aurait eu le temps de lui mettre et de lui ôter trois ou quatre fois ses jarretières; et la pauvre Lolotte ne se serait pas mis le derrière dans l'eau de puits, parce que le feu n'aurait pas consumé le devant... de sa chemise.

Que diable allais-je faire dans cette galère !

Que dirait mon oncle s'il me trouvait sous ce costume... avec cette figure abîmée ?... Diable! mais j'y songe... il est à peu près une heure du matin. Irai-je chez Olivier maintenant?... S'il ne fallait que m'exposer à ses sarcasmes, je serais le premier à rire avec lui de ma mésaventure; mais il y a un portier dans sa maison... ce maudit portier dort maintenant... car ces gens-là font le désespoir des jeunes gens!... il faudra frapper, réveiller tout le monde... et être vu dans cet état... sale... crotté... ce diable d'ébéniste m'a jeté deux fois à terre... ce chapeau que j'ai pris sans voir clair n'a pas forme humaine... et mon nez!... mon œil!...

Pour qui me prendra-t-on?... Je ne veux pas me montrer comme cela!... Il faut donc coucher dans la rue!... Maudite noce!... au diable la Villette, les mercières et les ébénistes!

Gustave était arrivé à la porte Saint-Martin: il restait là incertain s'il tournerait à droite ou à gauche, ou s'il n'avancerait pas du tout. Une idée se présente, elle le frappe, elle lui sourit; il se met à courir vers la rue Charlot.

On se rappelle ou on ne se rappelle pas une demoiselle Lise, blanchisseuse de fin, dont le colonel de Moranval a parlé au commencement de cet ouvrage, et avec laquelle notre héros s'est enfui à seize ans de son collège pour aller se cacher dans une petite chambre, rue du Fauconnier. Le colonel avait rattrapé son neveu et reconduit mademoiselle Lise chez sa mère; mais comme on ne tient pas un jeune homme sans cesse renfermé, et qu'une petite blanchisseuse de fin doit aller porter le linge à ses pratiques, les jeunes gens s'étaient revus, d'abord très fréquemment et très amoureusement; puis moins souvent et avec moins d'ardeur, Gustave avait enfin négligé tout à fait la petite Lise, qui, de son côté, s'était consolée et avait bien fait.

Cependant on conserve de l'amitié pour un joli garçon qui, quoique volage, a toujours des manières aimables. On aime à revoir une jolie femme qui nous a fait connaître toutes les douceurs de l'amour et qui nous en inspire encore quand nous la rencontrons. Ce n'est plus, à la vérité, que le plaisir du moment que nous goûtons avec elle; mais un moment de plaisir est quelque chose. Gustave et Lise se retrouvaient toujours avec amitié et se procuraient ensemble ces moments-là.

Quatre ans étaient écoulés depuis l'enlèvement de la petite, et il s'était passé bien des événements. La mère de la demoiselle était morte; celle-ci travaillait pour son compte; elle avait pris sa chambre dans un autre quartier que celui où elle était née, parce que ses aventures avec M. Gustave avaient fait beaucoup de bruit dans la rue Saint-Antoine, et que les commis du *Petit-Saint-Antoine* se permettaient de ricaner lorsque la petite blanchisseuse passait devant le magasin.

Mademoiselle Lise était désormais sa maîtresse; elle voulait faire ce que bon lui semblait, mais elle ne voulait pas être en butte aux propos des mauvaises langues: elle alla donc louer une chambre dans la rue Charlot; là elle était proche des petits spectacles, elle pouvait espérer la pratique de quelque acteur de l'Ambigu ou de la Gaîté, et cela pouvait lui procurer des billets (vous voyez que la demoiselle est prévoyante), du reste, elle était fort tranquille, et se conduisait aussi honnêtement que peut le faire une jeune fille qui gagne vingt sous par jour et veut porter des chapeaux.

Gustave s'était rappelé Lise; elle lui avait donné son adresse à leur dernière rencontre, et le jeune homme savait que les petites ouvrières en chambre ne se logent jamais dans les maisons à portier.

Notre héros arpente les boulevards, il arrive rue Charlot; mais il a oublié le numéro: comment faire? parbleu! frapper à toutes les allées: tant pis pour les personnes que cela dérangera dans leur sommeil et qui s'en trouveront mal; tant pis pour les malades, pour ceux qui rêvent avoir ce qu'ils n'ont point; tant pis pour l'auteur qui rêve un succès, tant pis pour le rentier qui se voit devant une bonne table; tant pis pour l'amant qui obtient un aveu; tant pis pour le poète qui se croit reçu à l'Académie; tant pis pour la coquette qui désole vingt amants; tant pis pour la vieille qui se croit rajeunie; tant pis pour le joueur qui rêvait un quaterne à la loterie; tant pis pour le malheureux qui ne sait pas comment il donnera le lendemain du pain à ses enfants: tant mieux pour la femme qui est couchée avec celui qu'elle adore; tant mieux pour celui dont le bonheur est parfait et à qui la réalité ne présente qu'un avenir couleur de rose! Mais au total il y a plus de tant pis que de tant mieux.

— Bon! voilà une allée... frappons... et frappons fort...

On ouvre une fenêtre au second: une tête coiffée d'un bonnet de coton s'avance pour regarder dans la rue.

— Qui est là?... que demandez-vous?

— Voudriez-vous bien m'indiquer la demeure de mademoiselle Lise, blanchisseuse de fin?

— Que la peste vous étouffe, vous et votre blanchisseuse!... Vit-on jamais une chose pareille! réveiller toute une maison à une heure du matin pour demander une adresse!...

— C'est une affaire pressée.

— Si la garde passait, je vous ferais arrêter...

— Vraiment!... et moi, si vous ne vous taisez pas, je vais jeter des pierres dans vos carreaux.

Le monsieur se retira, ferma sa fenêtre en envoyant de bon cœur Gustave au diable.

Notre héros, sans se décourager, avança une quinzaine de pas et frappa à une autre allée.

— Cette fois, dit-il, frappons avec plus de douceur: tâchons de ne réveiller les habitants que par degrés.

Il lâche légèrement le marteau d'une petite porte verte; on ouvre de suite une fenêtre au premier.

— Pour cette fois, dit Gustave, on ne dormait pas, ou l'on a le sommeil bien léger!...

— Est-ce toi, mon ami? demande une jeune femme d'une petite voix douce.

— Oh! oh!... encore une aventure... Allons voyons ce que cela deviendra. Et notre étourdi répond un *oui* étouffé.

— C'est bien mal de te faire attendre si longtemps!... tu sais bien que mon mari est de garde au Château-d'Eau... et qu'il ne quitterait pas son poste pour venir coucher avec sa femme... Attends... je vais te jeter le passe-partout, car je ne puis descendre, je suis en chemise.

La petite femme se retire de la fenêtre, et Gustave se gratte l'oreille, très indécis sur ce qu'il doit faire.

Une petite femme dont la voix est très douce, et qui vous attend chez elle au milieu de la nuit pendant que son mari fait sentinelle près du Château-d'Eau, cela est bien séduisant...; mais enfin ce n'est pas Gustave que cette dame attend, et lorsqu'elle s'apercevra de sa méprise, elle sera confuse, désolée, puis si l'ami vient après, comme c'est présumable, ce sera bien une autre affaire! il faudra encore se quereller, se battre, mettre une maison sens dessus dessous!... Non!... ce serait une folie, et décidément il ne faut pas accepter le passe-partout.

Tel est le résultat des réflexions de Gustave. Voilà, je pense, une conduite bien sage pour un jeune homme accusé d'être mauvais sujet; mais, entre nous, je crois que le petit amour-propre de notre héros fut en partie cause de cette belle résolution. Un jeune élégant ne se sent pas le courage de se montrer pour la première fois à une femme sous un costume qui ne lui va pas et avec un œil poché et un nez meurtri; la première impression pourrait ne pas lui être agréable, et quand on est habitué à faire des conquêtes, on ne s'expose pas volontairement à se faire rire au nez.

La petite dame reparaît à la fenêtre; elle noue un mouchoir après une clef, et va jeter le tout à Gustave, lorsque celui-ci fait entendre distinctement sa voix.

— Veuillez recevoir mes excuses, madame; mais je crois que nous nous trompons tous deux.

— Grand Dieu!... ce n'est pas lui!...

— De grâce, madame, ne vous éloignez pas sans m'entendre...

— Monsieur, vous allez croire des choses... c'est mon frère que j'attendais... et comme il est brouillé avec mon mari... voilà pourquoi j'avais choisi ce moment pour lui parler...

— Madame, je ne doute pas de ce que vous venez de dire... vous pouvez d'ailleurs compter sur ma discrétion... Vous voyez que je mérite quelque confiance, puisque je n'ai pas accepté le passe-partout que vous alliez me jeter si je ne m'étais fait connaître.

— Cela est vrai, monsieur...

— Veuillez donc me dire si vous connaissez dans cette rue une jeune fille blanchisseuse de fin?...

— Une petite brune?...

— Oui, madame.

— Un peu marquée de la petite vérole?...

— Justement.

— C'est la petite Lise?

— C'est cela même, madame... Vous la connaissez?

— Oui, monsieur; je suis une de ses pratiques... Ah!..... c'est-à-dire..... non, monsieur, elle ne me connaît pas... mais elle blanchit une de mes amies.

— Bon, dit Gustave, la dame craint que je ne sache par Lise son nom et celui de son mari... Madame, pourriez-vous me dire le numéro de sa maison? c'est elle que je cherche; j'ai quelque chose de très pressé à lui apprendre.

— Le numéro, je ne le sais pas, mais je puis vous indiquer la maison... Tenez, monsieur, à droite après la rue Sainte-Foi... Ah! ciel! une patrouille!... c'est mon mari!...

Ici la dame, qui s'était penchée pour désigner à Gustave la demeure de Lise, rentre précipitamment dans sa chambre, dont elle referme bien vite la fenêtre.

Gustave se retourne, il aperçoit en effet une patrouille de la garde nationale qui venait de détourner la rue Boucherat et marchait droit à lui. Un des soldats de la patrouille était le mari de la petite dame, et il avait prié son caporal de faire passer la ronde rue Charlot, parce qu'on est bien aise de pouvoir dire le lendemain à ses voisins: J'ai veillé cette nuit sur vous.

Mais le mari avait aperçu de loin sa femme à sa fenêtre causant avec un homme dont la tournure était suspecte; il quitte son rang et court à Gustave en criant:

— A moi, caporal, alerte!

Gustave regardait venir la patrouille, incertain s'il l'attendrait: le mari le joint, le saisit au collet et lui ordonne de le suivre au corps de garde. Notre héros répond par un coup de poing qui renverse le pauvre homme sur une borne, puis il court vers l'autre bout de la rue. Le caporal ordonne à ses soldats de poursuivre le fuyard; mais Gustave va plus vite que des gens qui ont fusil, sabre et giberne, et qui ne sont pas habitués à porter tout cela; il ne se soucie point d'ailleurs de finir la nuit au corps de garde.

Il aperçoit sur son chemin une allée dont la porte n'est pas fermée; il entre, rejette la porte sur lui, et grimpe quatre à quatre un escalier tortueux qu'en plein jour il n'eût pas monté sans regarder vingt fois à ses pieds. Pour échapper à la patrouille, il escaladerait les toits et marcherait sur les gouttières. Lorsque la tête est montée, on fait des choses que de sang-froid on n'oserait pas entreprendre.

Lise a pris sa lampe de nuit qu'elle approche de la figure de Gustave. (P. 14.)

Gustave s'arrête enfin... il était arrivé aux mansardes, et il fallait bien qu'il s'arrêtât: il n'y avait plus de marches à monter. Où ira-t-il?... il n'en sait rien lui-même... il pousse au hasard une porte devant lui: elle s'ouvre... et Gustave recule et s'éloigne, parce que, sans voir clair, il y a des endroits qu'on devine parfaitement.

La patrouille qui poursuivait Gustave avait remarqué la maison dans laquelle il s'était caché. Elle frappait à son tour à la porte de l'allée et sommait les habitants d'ouvrir et de leur livrer le coupable. Gustave entendait du sixième étage le bruit qu'on faisait dans la rue; il descend au cinquième, il va descendre encore pour parlementer à la porte de l'allée... une voix bien connue frappe son oreille.

— Ah! mon Dieu! quel bruit on fait cette nuit dans la rue!... il n'y a pas moyen de dormir!...

— C'est elle! dit notre héros, je suis sauvé!...

Il frappe à une porte du côté d'où partait la voix.

— Qui frappe?...

— C'est moi, Lise... c'est Gustave... ouvre-moi vite...

— Gustave!...

La petite blanchisseuse saute à bas de son lit et court ouvrir sa porte... Elle pousse un cri d'effroi en voyant le jeune homme qu'elle ne reconnaît pas sous le costume qui le déguise. Celui-ci entre précipitamment, referme soigneusement la porte et se jette sur le lit de Lise en s'écriant:

— Enfin me voilà sauvé!... Je brave ici le corps de garde, les maris et les patrouilles!...

Lise a pris sa lampe de nuit, qu'elle approche de la figure de Gustave.

— Mais c'est vraiment lui!...

— Oui, parbleu! c'est moi... Au fait, je dois être bien méconnaissable au premier coup d'œil!...

— Ah! mon Dieu!... dans quel état!... un œil tout noir... le visage en sang!... et ses habits!... Ah! quelle horreur!... pour un jeune homme comme il faut!...

— Quand tu sauras tout ce qui m'est arrivé!... Mais tiens... les entends-tu frapper comme des sourds à la porte de l'allée?...

— C'est donc pour vous qu'on fait ce tapage-là?

— Oui ma chère amie; j'ai mis le désordre à la Villette, la jalousie dans le cœur d'un garçon ébéniste, le désespoir dans l'âme d'un nouveau marié et le feu à la chemise de sa femme!...

— Ah! mon Dieu!... le mauvais sujet!... vous vous êtes donc battu?...

— Oui; et tu vois que, quoique vainqueur, on peut être blessé...

— Mais ces gens qui frappent à la porte...

— Laissons-les frapper.

— Que veulent-ils donc?

— M'arrêter... c'est une ronde nocturne que j'ai mise aux abois, parce que... Ah! à propos, dis-moi, connais-tu dans cette rue, à deux cents pas d'ici, une dame mariée qui demeure au premier, au-dessus d'une petite porte verte?

— Oui, sans doute, c'est madame Dubourg?

— Est-elle jolie, madame Dubourg?

— Fort jolie! une figure espiègle... un nez retroussé...

— Ah! diable! si j'avais su tout cela plus tôt... et son mari?

— C'est un monsieur de quarante ans, un joli cœur!... il porte des jabots...

— Il porte encore autre chose, à ce que je crois.

— Comment donc? est-ce que vous connaissez madame Dubourg?

— Nullement: je la verrais dans la rue, je ne la reconnaîtrais point. Mais laissons cela... Ecoute... entends-tu encore frapper?...

— Non...

— Voyant qu'on ne leur répondait pas, ils ont pris le parti de s'en aller... j'en étais sûr.

— Mais pourquoi couraient-ils après vous?

— Je te conterai tout cela.

— Voyons... il faut que je bassine votre œil et votre nez... car vous êtes dans un état ...

— Tu ne m'attendais pas, n'est-il pas vrai, Lise?

— Oh! certainement...
— C'est bien heureux pour moi que tu sois seule.
— Comment, seule?... est-ce que je ne demeure pas seule?
— Oui!... oui!... mais cela n'empêche pas... on reçoit quelquefois des visites qui se prolongent un peu tard dans la nuit.
— Oh! monsieur, je ne reçois point de ces visites-là...
— Bah!... vraiment?...
— Voyez donc!... cet air surpris!...
— Tu es donc bien sage à présent?
— Est-ce que je ne l'ai pas toujours été?
— Oh! si fait; mais on peut être fort sage et avoir une petite connaissance...
— Non, non, je ne veux plus de petites connaissances... les hommes sont trop faux... trop perfides... pour qu'on les aime.
— Tu as bien raison, ma chère amie... Prends garde... tu me mouilles tout le visage avec ton eau-de-vie et ton eau...
— Le grand malheur!... n'êtes-vous pas bien heureux que l'on vous soigne, que l'on panse vos blesssures... quand c'est pour d'autres!... Ah! le mauvais sujet!... votre oncle a bien raison de vous gronder!
— Tu trouves!... pauvre Lise!... est-ce que tu ne m'aimes plus?...
— Je le voudrais bien!... mais je vous aime toujours malgré moi... car vous ne méritez pas qu'on s'intéresse à vous. Allons, finissez, monsieur, laissez-moi... je vais vous jeter tout cela au visage!...

— Parbleu! mon visage n'a plus rien à craindre... Tu es charmante, comme cela... en bonnet de nuit...

— C'est bon, c'est bon... ah! quel démon!... Monsieur Gustave, je me fâcherai...

— Tu as les yeux plus brillants qu'à l'ordinaire...

— C'est de colère qu'ils brillent... Eh bien! que faites-vous donc?...

— Tu le vois, je me déshabille...

— Et pourquoi faire?

— Mais pour me coucher apparemment.

— Ah! vous allez vous coucher? eh bien! ce serait sans gêne...

— Est-ce que tu voudrais que je passasse la nuit levé? fatigué comme je le suis, je serais mort demain...

— Mais c'est qu'il le fait comme il le dit... et moi... où me mettrai-je?...

— Mais à côté de moi, je pense.

— Ah! par exemple!... ça serait joli!... au moins si vous me promettiez d'être sage!... Ah!... au fait... puisque monsieur est si fatigué... je ne dois rien craindre... Eh mais! je crois qu'il s'endort!... couchons-nous vite!...

CHAPITRE II

ON FAIT CONNAISSANCE AVEC MADAME DUBOURG.

Après une nuit passée aussi gravement que peuvent le faire un homme de vingt ans et une femme de dix-neuf (qui ne sont pas mariés), Gustave s'éveilla; Lise était déjà levée: elle soufflait son feu pour faire monter son lait et pour offrir une tasse de café à Gustave.

— Ma chère amie, que fais-tu là?

— Vous voyez bien que je fais du café pour votre déjeuner...

— Je te remercie; j'aime beaucoup le café; mais lorsqu'on a couru, qu'on s'est battu, qu'on a eu la patrouille à ses trousses et une jolie femme pour hôtesse, on a besoin de prendre quelque chose de plus restaurant que du café. Tiens, prends une bourse qui est dans cette grosse veste bleue, va chez le charcutier, chez l'épicier, chez le boucher; fais apporter des côtelettes de mouton, de veau, de porc frais, des saucisses, des andouilles, des cervelas, du jambon, du fromage, et surtout du vin, le meilleur que tu trouveras.

— Ah! mon Dieu!... quel déjeuner!... Mais, pendant que je courrai, mon linge ne sera pas repassé, et c'est ce matin que je dois le porter à mes pratiques...

— Tant pis pour tes pratiques!... elles attendront un jour de plus...

— Et cette petite brodeuse qui attend son bonnet pour aller danser ce soir au Colysée?

— Elle dansera en cheveux.

— Et cet auteur de mélodrames, qui a besoin de son jabot pour aller lire aujourd'hui une pièce pour les chevaux de Franconi?...

— Les chevaux entendront sa pièce demain.

— Et cette belle demoiselle à cachemire français, qui attend que je lui rapporte sa chemise de percale pour ôter celle qu'elle a sur le corps depuis huit jours?...

— Elle portera sa chemise sale un jour de plus. Allons, Lise, va me chercher à déjeuner, je meurs de faim.

— Ah! mon Dieu!... il faut faire tout ce qu'il veut.

Lise sort. Gustave récapitule ce qu'il a fait et ce qu'il doit faire: d'abord il est bien décidé à ne plus remettre le pantalon de toile et la veste bleue; mais comment avoir d'autres vêtements?... Parbleu! il enverra Lise chez Olivier, qui remettra à la petite ou à Benoît ce qu'il faut pour paraître dans les rues de Paris. Olivier est à peu près de la taille de Gustave, ainsi un de ses habits peut aller à celui-ci. Oui, mais pourvu qu'Olivier, qui n'est pas non plus excessivement rangé, se trouve avoir deux habits à sa disposition!...

Eh! mais, Benoît doit avoir rapporté à Paris l'habit que son maître portait à Ermenonville, à moins que l'imbécile ne l'ait perdu en route. En tout cas, Gustave possède encore de l'argent; à Paris, un goujat peut en vingt minutes se faire habiller comme un marquis.

Lise revient portant un panier chargé de comestibles. Gustave se lève; il passe le premier pantalon qu'il trouve sous sa main, il endosse la camisole d'une vieille douairière de la rue des Trois-Pavillons, et se dispose à aider Lise pour la confection du déjeuner. On allume un grand feu, le gril remplace le petit réchaud sur lequel monte le lait. Les côtelettes, les saucisses sont étalées; le feu pétille, le boudin se fend; on dresse la table, on la couvre de fromage, de fruits, de gâteaux, de bouteilles; en cinq minutes tout est prêt, on se met à table: le déjeuner est trouvé excellent.

Lise rit de l'appétit de Gustave, et tout en mangeant, en causant, en riant, on s'embrasse, on se chiffonne; la petite donne une tape, puis un baiser; elle se fâche quand Gustave n'est pas sage, elle le lutine quand il l'est trop longtemps.

— Ah çà, ma chère amie, dit Gustave après avoir satisfait tous ses appétits, voilà assez de folies; parlons raison maintenant: il faut nous occuper des moyens de me faire sortir d'ici...

— Eh bien! qui vous empêchera de vous en aller quand vous le voudrez?

— Tu as donc oublié que je suis arrivé sous ce costume de villageois, qui, par parenthèse, ne m'a pas porté bonheur, et que je ne remettrais pas pour tout l'or du monde?

— C'est vrai, je n'y pensais plus; il vous faut des habits... Voulez-vous que j'aille chez vous en chercher?

— Chez moi!... cela t'est bien aisé à dire; mais je n'ai pas de chez moi pour l'instant; tu sais bien que je demeure avec mon oncle; mais comme il est, dans ce moment, fâché avec moi, je veux laisser à sa colère le temps de s'apaiser.

— Ce pauvre colonel! vous lui donnez de l'occupation...

— C'est lui rendre service: un militaire à la retraite a besoin de distraction. Tu vas donc aller chez Olivier...

— Ah! encore un bon sujet!... qui court les bals, les jeux, les filles, les cafés!... c'est lui qui vous a perdu!... il ne peut donner que de très mauvais conseils!...

— Tu crois!... En vérité, Lise, tu deviens forte sur la morale! si mon oncle t'entendait, je suis sûr qu'il se raccommoderait avec toi, lui qui te croit une petite coureuse...

— Ah! votre oncle pense cela de moi!... cela va bien, à ce vieux singe goutteux, de mal parler des autres!...Quand je le verrai, je lui arracherai les yeux!...

— Un peu de respect pour mon oncle, mademoiselle Lise!...

— Vieux renard sans queue!... ce n'est pas à la guerre qu'il a attrapé tous ses rhumatismes...

— Mademoiselle Lise!...

— Ah! il m'appelle coureuse!... il me le payera!...

— Auras-tu bientôt fini ?

— C'est que je ne veux pas qu'on se permette de dire quelque chose sur ma conduite !...

— C'est juste, ce serait une horreur !...

— Moi qui suis sage ! qui ne sors pas, qui ne vois personne !...

— C'est vrai, tu vis comme une vestale.

— Et dire que je suis...

— Ah çà, morbleu, en voilà assez !... quand on a touché l'endroit sensible d'une femme il n'y a plus de raison pour que cela finisse... Tu vas donc aller chez Olivier.

— Et où demeure-t-il maintenant, votre Olivier ?

— Rue des Petites-Ecuries, près le faubourg Poissonnière...

— Je lui demanderai des vêtements pour vous ?

— Oui ; tu lui raconteras ce qui m'est arrivé...

— Ah ! je ne lui dirai pas que vous avez passé la nuit chez moi, à coup sûr.

— Non, tu diras que j'y suis venu ce matin... Enfin, tu diras tout ce que tu voudras ; mais songe qu'il me faut un habit, un chapeau, un pantalon, et des bottes...

— Et il faudra que je porte tout cela ?

— Tu prendras, si tu veux, un petit commissionnaire ; je craindrais que Benoît, mon domestique, fût reconnu et suivi.

— Allons, je vais faire vos commissions ; vous, pendant mon absence, n'ouvrez à personne !... Cela me ferait du tort si l'on voyait un jeune homme chez moi, et vêtu avec un pantalon et une camisole qui appartiennent à mes pratiques.

— Sois tranquille ; vienne qui voudra, je

n'ouvre pas... mais que ferai-je pendant ton absence pour me désennuyer?...

— Fouillez dans cette armoire, vous trouverez des livres... et qui sont joliment amusants: *Jean Sbogar; Faublas; Mon Oncle Thomas; Victor; l'Enfant de ma femme...*

— C'est bon, je verrai tout cela; mais dépêche-toi, je t'en prie.

— Oui, oui, je vais me dépêcher, ne vous impatientez pas.

Lise embrasse Gustave, met sa clef dans sa poche, et va rue des Petites-Ecuries.

Notre jeune homme resté seul, feuillette les romans, lit quelques pages, se promène dans la chambre, regarde à la fenêtre si la petite revient; mais la fenêtre donne sur les toits, on ne peut apercevoir dans la rue. Gustave s'impatiente, trouve le temps long, et ne songe pas qu'il y a loin de la rue Charlot à celle des Petites-Ecuries, et que d'ailleurs il faut le temps de rassembler ce qui doit compléter la toilette d'un jeune homme à la mode.

On frappe doucement à la porte...

— Ne faisons pas de bruit, dit Gustave, songeons à ma consigne.

On frappe encore ...on appelle... Ouvrez, mademoiselle Lise... c'est moi, c'est madame Dubourg.

— Madame Dubourg! s'écrie Gustave, oh! ma foi, je vais la connaître: ne laissons pas échapper cette occasion. Il court à la porte, ouvre à celle avec qui il a eu un entretien nocturne et dont il brûle de voir la figure.

Madame Dubourg craignait les suites que pouvait avoir son aventure de la nuit, et était curieuse de savoir quel était ce monsieur assez délicat pour refuser le passe-partout d'une jeune femme, et assez original pour chercher à une heure du matin l'adresse d'une blanchisseuse. Pour avoir quelques renseignements sur lui, il était naturel d'aller chez la personne qu'il demandait, et qui, justement, blanchissait madame Dubourg; entre femmes on se dit mille petites choses qu'un mari doit ignorer; on espérait donc faire causer mademoiselle Lise, et lui recommander ensuite la plus grande discrétion, si le monsieur en question avait parlé de sa conversation avec une dame du premier au-dessus de la petite porte verte.

Madame Dubourg fit un mouvement de surprise en apercevant Gustave, que cependant elle ne reconnut pas, par la raison qu'elle n'avait pu la nuit, distinguer ses traits, quoiqu'il y eût un réverbère non loin de sa maison; mais les ré-

Mme Dubourg fit un mouvement de surprise. (P. 24).

verbères ne sont probablement pas faits pour éclairer, puisqu'on n'y met d'huile que ce qu'il faut pour empêcher qu'on n'y voie goutte.

Madame Dubourg ne pouvait présumer que le monsieur qui voulait parler à mademoiselle Lise à une heure du matin fût encore chez elle à une heure après-midi; cependant elle ne savait si elle devait entrer, parce qu'une femme y regarde à deux fois avant de rester seule avec un homme en camisole. Mais Gustave d'un ton bien poli et déguisant sa voix le mieux possible, engage la dame à attendre un moment, en lui assurant que mademoiselle Lise va rentrer.

Madame Dubourg entre et s'assied; Gustave après l'avoir considérée tout à son aise, reprend sa voix naturelle et lui demande si son mari se ressent de sa chute contre une borne et si son frère l'a fait veiller encore longtemps. Madame Dubourg se trouble, pâlit, regarde Gustave et cache sa figure dans son mouchoir.

— Ah! madame! lui dit Gustave, soyez persuadée que mon intention n'est pas de vous causer de la peine; j'ai moi-même trop besoin d'indulgence pour me permettre de censurer les actions des autres. Que deviez-vous penser d'un jeune homme qui frappe la nuit à toutes les portes, qui se cache le jour chez une blanchisseuse... et dans un costume?... C'est à moi, madame à réclamer de vous l'oubli de mes folies et à vous prier de ne pas me juger sur l'apparence

Ce discours calma l'agitation de madame Dubourg: elle ôta son mouchoir de devant son visage et regarda Gustave en souriant. Malgré quelques marques, suites de son combat de la veille, elle le trouva fort bien; elle vit aussi par sa manière de s'exprimer, que ce n'était point un homme sans éducation, et un homme qui sait vivre est habitué aux aventures galantes et n'y met que l'importance qu'elles méritent.

— Je vois bien, monsieur, dit madame Dubourg, que nous devions nous connaître... Je ne pensais pas cependant vous retrouver sitôt... je me doute que vous êtes ici par suite de quelque étourderie bien excusable dans un jeune homme. Je ne puis avoir mauvaise opinion de vous... veuillez être persuadé aussi que cette nuit c'est mon frère que j'attendais...

— Je n'en doute pas, madame; mais je le trouve bien heureux d'avoir une sœur aussi aimable!...

— Je suis fâché que la patrouille vous ait poursuivi... mais mon mari est cruel pour cela... il voit des voleurs partout!...

— Les maris sont tous comme cela!...

— J'ai été enchantée d'apprendre qu'on ne vous avait pas arrêté!

— Je le crois.

— Je crois qu'on doit venir aujourd'hui s'informer dans la maison si l'on vous a vu...

— Oh! soyez tranquille, on ne m'y trouvera plus.

— J'ai dit à mon mari que je m'étais mise à la fenêtre pour prendre l'air, me sentant incommodée... et qu'un inconnu m'avait demandé son chemin. J'espère que madmoiselle Lise ne sait pas...

— Non, madame!... elle ne saura rien.

— Alors je n'ai plus besoin de l'attendre, car je vous avoue franchement que c'était pour la prévenir à ce sujet que je suis venue chez elle.

— Je m'en doutais, madame, et c'est pour cela que je désirais vous rassurer entièrement.

— Adieu, monsieur; si quelque jour je puis vous être bonne à quelque chose, veuillez ne pas m'oublier.

— Vous oublier madame! vous ne devez jamais craindre de l'être.

Madame Dubourg fait à Gustave un salut gracieux, et va pour sortir, lorsque mademoiselle Lise rentre avec un paquet sous son bras. Elle s'arrête, regarde Gustave qui se mord les lèvres et madame Dubourg qui rougit.

— Que veut madame?... que demande madame? dit la petite blanchisseuse d'un air moqueur.

— Mademoiselle, je voulais savoir... si les jabots de mon mari sont plissés...

— Les jabots de votre mari?... vous savez bien madame, que je ne vous les porte jamais qu'à cinq heures.

— C'est vrai... mais il dîne en ville, et il n'en a pas de blancs... je vais les prendre si vous n'avez pas le temps... Les voilà, je crois?... oui, c'est cela.

Madame Dubourg prend trois jabots qu'elle voit sur une table, les chiffonne dans sa main, les fourre dans son sac, et se sauve bien vite, sans écouter les cris de Lise qui l'appelle dans l'escalier en lui disant qu'elle emporte les jabots d'un artiste du café d'Apollon pour ceux de son mari.

— Ah! monsieur Gustave! dit la petite en rentrant, je ne sais pas ce que vous faisiez avec cette dame; mais elle est bien troublée; elle ne sait plus ce qu'elle fait.

— Comment peux-tu avoir de pareilles idées, Lise?

— Pardi!... ça serait bien étonnant!... mais je vous avais défendu d'ouvrir...

— J'avais cru entendre ta voix.

— Menteur?... Vous connaissez madame Dubourg, je le gagerais.

— Moi! voilà la première fois que je la vois.

— Et vos questions de cette nuit, croyez-vous donc que je les ai oubliées?... Mais j'irai chez elle à quatre heures; c'est l'heure où le mari y est, je verrai s'il dîne en ville, et si elle m'a menti...

— Lise vous parlez toujours mal des autres; vous ne ménagez personne, et vous voulez qu'on ne dise rien de vous!... Mais je vous préviens que si vous cherchez à faire de la peine à cette dame, que je crois très honnête, je me fâche avec vous et je ne vous reparle de ma vie!...

— Le beau malheur!... on se passera de monsieur... Il faut que je le trouve chez moi faisant l'amour avec une petite prude qui ne vaut pas deux liards!... et que je ne dise rien encore... ça serait commode!... Je sais bien que vous avez des maîtresses de toutes les tailles et de toutes les couleurs; mais je ne veux pas qu'elles viennent vous aimer chez moi... Ces femmes mariées! ah! elles sont d'une audace!... il semble que tout leur soit permis; elles devraient rougir... et mourir de honte de tromper leurs bonasses de maris!... Au moins, une demoiselle est sa maîtresse! elle peut aller tête levée!...

Pendant que mademoiselle Lise parlait, Gustave s'habillait, non sans crier après la négligence d'Olivier et la sottise de Benoît. En effet, on lui envoyait une culotte de bal avec des bottes à l'écuyère, un gilet de drap, et l'on était en été.

— Est-ce Olivier qui a choisi ces vêtements? dit enfin Gustave à Lise.

— Non, votre ami n'y était pas; je n'ai vu que votre domestique... Benoît. Ah! qu'il a l'air godiche!... c'est lui qui m'a donné ce paquet.

— Je ne m'étonne plus du choix des effets...

— Ah! ah!... que vous êtes drôle!... vous avez l'air d'un marié de village... cet habit vous est trop court...

— Il semble que le coquin l'ait fait exprès: je crois vraiment que c'est un de ses habits qu'il m'a envoyé... il me paiera ce tour-là... mais il est décidé que je sortirai d'ici déguisé... Mademoiselle veut-elle bien alors m'aller chercher une voiture?

— Oui, monsieur, et je vais voir si madame Dubourg vous attend à la porte.

Lise descend et revient bientôt avec un fiacre.

— Adieu mademoielle Lise, dit Gustave.

— Adieu, mauvais sujet... Eh bien! il s'en irait sans m'embrasser!...

— Je vous croyais fâchée contre moi!... Adieu, ma chère amie... viens me voir chez Olivier... tu sais l'adresse?

— Ah ben, oui! j'irai comme cela chez des jeunes gens!... on en dirait de belles!... A quelle heure vous trouverai-je?

— Parbleu! le matin... tu sais bien que je me lève tard.

— C'est bien, j'irai vous réveiller.

Gustave descend les cinq étages, monte dans le fiacre qui l'attend à la porte et se fait conduire chez Olivier.

CHAPITRE III

UN DINER DE JEUNES GENS

Olivier était un jeune homme de l'âge de Gustave. Ayant perdu de bonne heure ses parents, il s'était trouvé trop tôt maître de ses actions. Il aimait le jeu, le vin et les femmes; il était employé dans une administration où il allait bien régulièrement vers la fin des mois, parcequ'on approchait du jour des payements; mais lorsqu'il avait touché son argent, il décampait du bureau, et l'on était quelquefois huit jours sans l'y voir.

Ses chefs lui faisaient souvent des réprimandes, qui le rendaient sage pendant vingt-quatre heures. Comme lorsqu'il le voulait il travaillait vite et bien, on était indulgent pour lui.

Olivier était chez lui lorsque Gustave descendit de voiture: il l'aperçut de la fenêtre, et vint au-devant de lui en riant aux éclats.

— Me voici, dit Gustave; j'ai cru que je n'arriverais jamais chez toi!...

— Ah! ah! ah!

— Eh bien! qu'as-tu donc à rire?

— Regarde-toi dans la glace... Ah! d'honneur, tu es impayable... Viens comme cela faire un tour au Palais-Royal... on te prendra pour un nouveau débarqué... Tu feras la conquête de toutes les nymphes des galeries de bois.

— C'est ce coquin de Benoît qui m'a envoyé ce costume... Benoît!...

— Me v'là, monsieur.

— Me diras-tu pourquoi tu m'as envoyé ton habit au lieu du mien?

— Ah! monsieur... c'est une malice: en entrant dans Paris, je craignais d'être vu par votre oncle, et j'avais mis votre habit pour ne pas être reconnu...

— Ah! tu as mis mon habit! c'est très agréable pour moi...

— Je voulais aussi mettre un de vos pantalons, mais je n'ai pas pu entrer dedans... il me gênait trop...

— C'est dommage!... Ah çà! Benoît, je te prie de ne plus faire ces malices-là; cela ne me plaît pas du tout. Mon cher Olivier, il faut que tu me loges.

— Tu sais bien que tu seras ici comme chez toi: j'ai trois pièces, il y en aura une pour chacun de nous.

— Je veux avant de reparaître devant mon oncle, qu'il ait oublié son projet de mariage... Ah! je te conterai tout ce qui m'est arrivé; cela t'amusera. A propos, as-tu vendu les chevaux?

— Oui, tout de suite.

— Bien cher?

— Mais pas mal... Nous compterons cela plus tard... Habille-toi, et allons dîner...

— Je veux dîner ici; je ne sortirai qu'à la nuit pendant quelque temps...

— Tu as donc bien peur de ton oncle?

— Oh! il ne plaisante pas... et je dois éviter sa colère. Benoît, va chez un traiteur, et fais apporter à dîner avec toi... Auras-tu l'esprit de commander un dîner pour deux?

— Ah! pour ça, vous serez content, monsieur... mais si on me voit en route!...

— Mets ce vieux carrick, ce grand chapeau sur tes yeux... C'est cela... Tu as l'air d'un vieux juif. Va chez le meilleur traiteur, et dépêche-toi.

Resté seul avec son ami, Gustave lui raconta une partie de ses aventures, glissant cependant sur ce qui avait rapport à madame de Berly. Quoique étourdi, notre héros savait garder le secret d'une bonne fortune, lorsqu'il s'agissait d'une femme dont la réputation devait être ménagée.

Il aimait à faire des conquêtes, mais il avait le bon esprit de ne point parler de toutes celles qu'il faisait.

Bien différent en cela de ces fats qui vont partout parler de leurs bonnes fortunes et des faveurs qu'on leur prodigue; mais il faut se défier de la véracité de ces grands séducteurs: ceux qui se vantent le plus sont presque toujours ceux qui réussissent le moins.

Pour un inconstant, Gustave avait des principes; il n'avait jamais fait aux femmes d'autres chagrins que celui de les tromper. Il passait pour mauvais sujet; mais n'était-il pas plus excusable que celui qui, sous des dehors hypocrites, cherche à triompher d'une femme et la perd de réputation lorqu'elle ne veut pas céder à ses désirs? De tels hommes sont trop communs dans le monde; ceux-là sont véritablement les mauvais sujets. On peut excuser l'inconstance, la légèreté, l'étourderie; mais l'hypocrisie, la calomnie, sont les vices des âmes lâches et corrompues.

Benoît revint, suivi d'un garçon traiteur, d'un pâtissier, d'une écaillère, d'un marchand de vins et d'un limonadier. Chacun apportait ce qu'il fournissait pour le dîner de ces messieurs.

— Peste! dit Gustave, il me paraît que Benoît veut se dédommager de la cuisine un peu simple de madame Lucas; allons, fêtons ce dîner superbe!... mais, une autre fois, ayons soin de faire la carte de ce que nous voulons.

Pendant le dîner, Olivier apprend à son ami qu'il a fait conaissance, dans sa maison, avec une petite dame qui *enfile des perles* et à laquelle il donne quelques leçons de guitare, parce que la dame aime beaucoup la musique et doit le mener incessamment dans une société bourgeoise où l'on fait des concerts d'amateurs.

— Parbleu! dit Gustave, un concert d'amateurs, c'est mon affaire, tu sais que je joue à livre ouvert, sur le violon, un accompagnement de sonate; je risque même quelquefois le trio de *Rasetti*. Tu me mèneras avec toi. Il faut d'ailleurs que j'essaie de me distraire de mes amours malheureuses.

Après le dîner, Olivier alla courtiser la dame

aux perles, et Gustave alla se promener dans la rue du Sentier. Il demanda la maison de M. de Berly; on la lui indiqua, et il se promena quelque temps devant la porte cochère, regardant aux fenêtres s'il apercevrait Julie: mais il ne vit rien.

— Si elle savait que je me promène devant sa porte, disait-il, elle trouverait quelque moyen pour sortir et me parler ! Si je pouvais voir cette bonne fille qui m'a remis son billet !... mais je ne puis entrer dans la maison ! ce serait exposer Julie à de nouveaux désagréments.

Gustave retourna chez Olivier. Plusieurs jours se passèrent de la sorte. Notre héros ne sortait que le soir pour se promener rue du Sentier; Olivier allait le matin mettre son chapeau à son bureau, puis revenait en voisin faire la cour à son élève sur la guitare.

Ces messieurs faisaient grande chère pour se désennuyer de leur conduite rangée. L'argent se dépensait, mais on n'en gagnait point ; Olivier ne touchait que le quart de ses appointements ; les trois autres quarts étaient partagés entre ses créanciers. Gustave commençait à voir le fond de sa bourse, mais il comptait sur Olivier, qui devait avoir l'argent provenant des chevaux.

D'ailleurs, le colonel ne pouvait être toujours fâché: déjà son neveu lui avait écrit une lettre bien respectueuse, bien soumise, dans laquelle il parlait de son amour pour madame de Berly comme d'une passion qui avait égaré sa raison au point de le faire s'introduire dans la chambre de cette dame, qui ne partageait pas ses coupables sentiments. Gustave ne se flattait pas que son oncle fût dupe de ce mensonge, mais il devait chercher à excuser madame de Berly et appuyer ce que celle-ci avait dit à son mari.

Gustave commençait à trouver fort monotone la vie qu'il menait, lorsqu'un matin, après le départ d'Olivier, on frappa à la porte, et Benoît ouvrit à mademoiselle Lise.

La petite était en toilette: elle avait mis le chapeau rose, la robe garnie, le châle boiteux, et personne n'aurait deviné, à sa mise et à sa tournure, que ce n'était qu'une blanchisseuse de fin.

Mais à Paris rien n'est si trompeur que l'apparence!...

Vous êtes assis au spectacle entre deux hommes dont la toilette est la même ; leur fortune est donc à peu près égale? non pas: l'un est chef de division dans un ministère, l'autre est valet de chambre et bat les habits dans un hôtel garni. La lingère porte des cachemires, l'épicière met des plumes, l'ouvrière des chapeaux, le perruquier un carrick, le garçon traiteur un jabot.

Quel dommage qu'on ne puisse pas acheter un organe comme on achète un fichu! Alors nous n'entendrions point une voix de rogomme sortir de sous une capote de velours. Patience, cela viendra peut-être; nous avons déjà l'enseignement mutuel pour réformer les *t* et les *s* qui se glissaient trop souvent dans la conversation de nos dames à la mode.

— Me voilà, monsieur, dit la petite; je viens vous voir; je suis de parole.

— Ma foi, ma chère amie, tu ne pouvais arriver plus à propos; je faisais des réflexions mélancoliques... Ta présence me rend ma gaieté...

— Vous, réfléchir ?... ce serait donc la première fois !...

— Ecoute donc, il y a commencement à tout; je deviens vieux...

— Ce vieux de vingt et un ans !...

— Tu vas passer la journée avec moi ?...

— Je le veux bien.

— Tu dîneras ici? Olivier ne t'effraie pas?

— J'aimerais mieux être seule avec vous, mais puisqu'il est chez lui...

— Et ce soir je te conduirai: est-ce arrangé?

— Vous savez bien que je fais tout ce que vous voulez..

— Tu es charmante : laisse-moi t'embrasser...

— Finissez donc ; votre domestique qui nous regarde !... Mais il faut, avant le dîner, que j'aille faire une visite à ma tante. J'y vais de suite, afin de ne plus vous quitter.

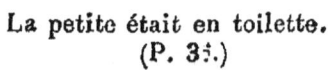
La petite était en toilette.
(P. 3?.)

— Va, et ne reviens pas trop tard.

Lise sort, Gustave appelle Benoît:

— Benoît, il faut aujourd'hui nous faire avoir un dîner délicieux, superfin et surtout friand: les petites filles aiment beaucoup les friandises, et moi, je suis assez du goût des petites filles.

— Monsieur... c'est que je ne sais pas si vous aurez seulement un petit dîner.

— Comment cela, butor?

— Parce que le traiteur, à qui on en doit déjà cinq, a dit qu'il ne fournirait plus rien avant d'être payé de l'ancien.

— On doit cinq dîners?...

— Oui, monsieur, sans compter les déjeuners que j'ai fait venir de chez un autre...

— Et pourquoi n'as-tu pas dit cela à Olivier? il faut qu'il les paie.

— M. Olivier me renvoie toujours à vous quand il s'agit d'argent.

— Il croit donc que ma bourse est inépuisable?... Il doit être en fonds; nous n'avons pas encore touché aux chevaux... Mais je l'entends justement qui descend de chez son *enfileuse de perles*.

Olivier descendait en effet de chez sa voisine; il entra dans l'appartement d'un air tout joyeux.

— Tu arrives bien, lui dit Gustave... mais qu'as-tu donc?... Quel air triomphant!... Aurais-tu touché ton mois tout entier?...

— Mon mois!... je n'en ai rien vu. Mais apprends ce qui m'enchante; je viens de chez ma voisine: c'est une femme toute sans façon... tu sais...

— Parbleu! une grisette!...

— Laisse donc, une grisette: une femme dont le mari est mort capitaine de vaisseau!...

— Oui, ou à fond de cale... Mais enfin!

— Enfin sa tante... cette vieille dame avec qui elle demeure, est allée passer la journée à Belleville, et j'ai fait consentir ma voisine à venir dîner aujourd'hui avec nous.

— Bah!... Eh bien, cela se trouve à merveille, Lise vient aussi; nous ferons partie carrée.

— C'est cela... comme nous allons rire!...

— Oui, mais pour rire, il faut d'abord que nous donnions à ces dames un joli dîner.

— Oh! un dîner soigné... C'est pour cela que j'accours te trouver.

— Et moi j'allais envoyer te chercher à ton bureau.

— Pourquoi faire?

— Pour avoir de l'argent... Le traiteur ne veut plus fournir sans être payé de l'ancien... Allons, va le solder et commande le dîner...

— Que j'aille le solder!... et avec quoi?

— N'as-tu pas l'argent des chevaux?...

— Ah! mon pauvre Gustave!... je n'avais pas osé te l'apprendre... mais...

— Que veux-tu dire?

— J'ai mis tes chevaux sur le rouge et la passe! ils sont bien loin maintenant...

— Comment tu as joué à la roulette!...

— Oui, mon ami; le jour même que je les ai vendus, j'avais un billet à payer à mon tailleur; j'ai voulu doubler notre somme... J'avais imaginé une nouvelle martingale...

— Au diable les martingales... Tu as fait une belle chose!... Tu es incorrigible... jouer et perdre!...

— Parbleu! si j'avais gagné, tu n'aurais pas de reproches à me faire.

— Nous voilà bien; ma bourse est vide...

— La mienne n'est jamais pleine... Et nous ne

sommes qu'au neuf du mois; encore trois semaines sans toucher mon quart!...

— Et le traiteur qui ne veut plus fournir à dîner!...

— Et ces dames que nous avions invitées pour aujourd'hui!...

— Pauvre Lise! que je comptais régaler...

— Ma voisine qui m'a avoué qu'elle aime beaucoup le champagne!...

— Oui?... bien heureuse si elle a de la piquette!...

— Mon pauvre Gustave!... j'ai envie de m'arracher les cheveux!

— Finis tes bêtises, et tâchons de trouver quelque moyen pour sortir d'embarras. Benoît?...

— Me voilà, monsieur.

— As-tu par hasard quelque argent en réserve?

— Oui, monsieur... Oh! j'ai quelque petite chose de côté...

— Vraiment!... Tu es un garçon charmant, Benoît; combien as-tu à peu près?

— Mais, monsieur... j'ai bien... oui, j'ai environ une trentaine de sous...

— L'imbécile!... et il appelle cela quelque chose!... Donnerons-nous un joli dîner avec tes trente sous? Au moins si tu avais du génie pour trouver quelque expédient... Mais avec un valet comme toi, on peut bien mourir de faim!...

Olivier se promenait dans la chambre en frappant du pied et en maudissant le sort et la roulette. Gustave se creusait la tête pour trouver les moyens de se procurer à dîner, et Benoît, immobile devant les deux jeunes gens, attendait les ordres qu'il leur plairait de lui donner.

Tout à coup la physionomie de Gustave s'éclaircit.

— Mon ami, dit-il à Olivier, nous dînerons... à la vérité, je ne sais trop comment nous payerons notre repas mais le principal maintenant, c'est de dîner. Tu sais qu'il y a six mois, pendant le séjour que mon oncle fit à la campagne, je restai seul à Paris; j'allais alors dîner quelquefois dans un restaurant tenu par une petite mignonne de soixante ans, qui a six pieds de tour, un bras d'Hercule et une figure de jubilation. Cette aimable dame aime beaucoup les jeunes gens: elle me regardait avec complaisance, souriait en me parlant, et lorsque je passais au comptoir, elle m'offrait toujours de ne payer que plusieurs dîners à la fois. J'étais alors en argent, et je n'ai pas profité de ses offres obligeantes: mais aujourd'hui je vais mettre sa bonne volonté à l'épreuve: je cours chez elle; je feins d'arriver de la campagne, j'ai quelques amis à traiter, et je m'en rapporte à sa complaisance pour me guider en cette occasion. La bonne dame, flattée de ma confiance en elle, me donnera tout ce que je voudrai... Je vais me commander un dîner charmant, et quand il sera mangé nous aviserons aux moyens de le payer.

— C'est cela!... ton idée est un coup de la Providence. Cela me rappelle la nièce d'un confiseur avec laquelle j'ai eu quelques relations amicales, tout en faisant à son oncle des devises pour ses pistaches. Je vais à la boutique du confiseur; je suis certain d'avoir un joli dessert en sucreries.

— Allons, c'est à merveille; dépêchons-nous d'aller commander ce qu'il nous faut pour régaler nos belles. Je m'expose pour ces dames; je sors en plein midi, au risque d'être aperçu, reconnu par le cher oncle...

— Bon!... tu ne vas pas précisément le rencontrer ce matin.

— Je m'abandonne à ma destinée!

Les jeunes gens allaient sortir, Benoît les arrête.

— Messieurs... il me semble que pour votre dîner il manque encore quelque chose...

— Qu'est-ce donc?

— Dam'! vous n'avez pas de vin...

— Oh! le drôle a raison; c'est l'essentiel... Comment en avoir?... Olivier, connais-tu la femme, la nièce ou la fille d'un marchand de vins?...

— Fi donc, mon ami! j'ai toujours choisi mes conquêtes dans un rang plus élevé.

— Ma foi, dans ce moment-ci, une petite passion bourgeoise avec une marchande de vins nous tirerait d'embarras! un dîner sans vins... cela ne serait pas trop gai...

— Le limonadier d'en face nous connaît, il nous donnera de la bière...

— Jolie boisson pour mettre en belle humeur!

— Nous dirons à ces dames que c'est du vin de *Lacryma-Christi.*

— Elles ne s'y tromperont pas!...

— Nous pourrons même avoir un ou deux bols de punch.

— On ne boit pas de punch avec du fricandeau.

— Nous le ferons faire au vin.

— Va te promener!

— Ah! Gustave, une idée sublime... Nous aurons

du vin... du bordeaux et du champagne... Veux-tu me confier Benoît?

— Oh! je te l'abandonne, fais-en ce que tu pourras.

Et s'étudie dans la glace à se donner un air bête et insolent. (P. 43.)

Gustave court chez la grosse maman qui tient un restaurant; Olivier reste avec Benoît, dont il compte se servir pour avoir du vin.

Le grand garçon regarde d'un air étonné l'ami de son maître, qui se met une cravate bien roulée, un habit bien long, un gilet bien court, se peigne les cheveux bien lisses, se frotte de rouge le bout du nez, prend une cravache, met des guêtres, un petit chapeau pointu, et s'étudie dans la glace à se donner un air bête et insolent.

— Est-ce que monsieur va jouer la comédie? dit enfin Benoît.

— Mais à peu près; me voici costumé. A ton tour, Benoît.

— Comment, monsieur, vous voulez me déguiser aussi ?

— Tais-toi et obéis. Mets cette vieille culotte de peau, qui m'a servi à monter à cheval dans mes moments de prospérité.

— Monsieur, je ne pourrai jamais entrer là-dedans...

— Si fait, cela prête... Prends ce gilet rouge... cette veste de nankin que je porte le matin, et coiffe-toi de cette petite casquette.

— Monsieur, j'étouffe là-dedans...

— Tant mieux, c'est ce qu'il faut, tu en auras davantage l'air d'un échappé des bords de la Tamise...

— Vous voulez me mettre dans un tamis, monsieur ?

— Ecoute bien, Benoît, et ne va pas te tromper...

— Je suis tout oreilles, monsieur.

— Je suis un milord, et tu es mon jockey...

— Qu'est-ce que c'est qu'un milord, monsieur ?

— C'est un Anglais qui vient à Paris voir les monuments, les spectacles, les jeux et les filles: on les reconnaît facilement dans les rues à leur tournure grotesque; dans les spectacles, à leur mine étonnée; au jeu, à leurs jurements; près des filles, à leurs guinées.

— Ah! oui monsieur... j'en ai vu l'autre jour deux, dans la rue de l'Echiquier, qui pleuraient de joie en regardant deux coqs se battre... Ils disaient comme ça, en voyant ces deux animaux se déchirer le visage, que ça leur rappelait leur pays.

— Eh bien! Benoît, il faut te donner la tournure anglaise; tu vas me suivre chez un gros marchand de vins. Songe bien, si l'on te parle, à ne jamais répondre que *yes*.

— *Yes?*

— Oui, à tout ce qu'on pourra te dire, *yes* et toujours *yes*.

— Ça suffit, monsieur !... Oh ! c'est facile à retenir.

— Ce n'est pas tout : quand je m'en irai, tu resteras chez le marchand, jusqu'à ce que moi ou Gustave allions t'y chercher ; si tu reviens ici sans notre permission, tu recevras vingt-cinq coups de bâton, entends-tu ?

— Je n'y reviendrai pas, monsieur.

— Tu en recevras cinquante si tu donnes notre adresse... Ainsi, souviens-toi de tout cela, tu ne reviendras pas ici ?...

— Non, monsieur, et toujours *yes* quand on me parlera.

— C'est cela même. Suis-moi Benoît.

Olivier sort de la maison ; Benoît le suit pouvant à peine marcher avec sa culotte de peau, enfonçant sa casquette sur ses yeux, et repassant dans sa mémoire la leçon qu'il a reçue : le pauvre garçon était inquiet : les coups de bâton et les manières anglaises le tourmentaient beaucoup ; Olivier avait bien de la peine à garder son sérieux lorsqu'il voyait le visage contrit de son jockey.

Arrivé à une place de fiacres, Olivier monte en voiture avec Benoît, et baragouinant l'anglais, ordonne au cocher de le conduire chez un des premiers marchands de vins de Paris. Le cocher fouette ses rosses, on part ; en route Olivier rappelle à Benoît ses instructions, dont on ne doit pas s'écarter...

On arrête devant un magasin de vins. Olivier descend, et entre dans la boutique en se dandinant et poussant le ventre; Benoît le suit, marchant les jambes écartées et les yeux baissés. Notre étourdi prononce quelques mots anglais, et comme les marchands aiment beaucoup avoir affaire avec les étrangers, on s'empresse autour de milord.

— Moi, vouloir un joli panier de vins pour régaler deux milords de mes amis, *if you please*.

— Du vin, milord? nous en avons de toutes les qualités, de tous les pays, de tous les âges...

— Donnez-moi du meilleur et du plus vieille, *if you please*; je ne regarde point le prix.

— Vous serez content, milord... Combien de bouteilles?

— Nous être trois, *I will*, neuf bouteilles: trois bordeaux, trois beaune, trois champagne... dans un panier...

— Oui, milord... Du Champagne mousseux?

— *Yes, I will*, que le bouchon saute au visage.

— Il sautera même au plafond, milord.

— *Is it good?*

— Non, milord, vous n'en perdrez pas une goutte.

On s'empresse de mettre les neuf bouteilles de vin dans un panier qu'on porte dans le fiacre; le marchand présente le mémoire à milord, qui ne fait aucune difficulté sur le prix, mais ne fouille pas à sa poche.

— Je avais laissé mon bourse à l'hôtel; monsieur le marchand, faites venir un de vos *jockeis* avec moi pour toucher la petite somme, *if you please*.

— Oui, milord, c'est très facile. François, allez

avec ce milord anglais; vous toucherez soixante francs pour les neuf bouteilles. Milord, je vous demande votre pratique...

— *I will* vous acheter souvent, monsieur le marchand. *Good morning. Benoit-son*, suivez-moi...

— *Yes.*

Benoit-son suit milord sans lever le nez ; on monte en voiture avec François qui n'ose pas s'asseoir devant milord. Olivier avait dit au cocher de le mener du côté des Champs-Elysées. Losque l'on eût roulé quelque temps, milord se frappa le front comme quelqu'un qui a oublié quelque chose d'important, puis ordonna au cocher d'arrêter.

— Mon ami, dit-il à François, j'ai oublié l'essentiel; il me faut six bouteilles de vin d'Espagne, allez vite me les chercher; mon *jockei* va vous accompagner; vous reviendrez avec lui à l'Hôtel des Milords. *Benoit-son*, allez avec ce jeune marchand.

— *Yes.*

François ne fait aucune difficulté pour laisser le vin dans la voiture, ayant pour nantissement le domestique de milord. Il descend du fiacre, ainsi que le *jockei*, et se hâte de retourner chez son maître chercher du vin d'Espagne.

Olivier, débarrassé du garçon, se fait conduire à la Porte-Saint-Martin: là, il descend de voiture, paye son cocher, prend un commissionnaire, lui fait porter son panier de vins, et revient trouver Gustave, auquel il présente en triomphe le beaune le bordeaux et le champagne.

— Comment diable as-tu fait pour avoir ce panier de vins? demande Gustave à son ami.

Olivier lui raconte le moyen qu'il vient d'employer et le succès de son déguisement; Gustave secouait la tête et ne paraissait pas fort content de l'espiéglerie d'Olivier.

— Sais-tu lui dit-il enfin, que ce que tu viens de faire là n'est pas délicat!...

— Pourquoi donc?

— Se déguiser pour acheter du vin qu'on ne veut pas payer!

— Si fait, je veux bien le payer, et la preuve, c'est que j'ai laissé des gages.

— Beau gage cet imbécile de Benoît!

— Mon ami, tout niais qu'il soit, un grand garçon de vingt ans vaut bien soixante francs.

— Mais il nous trahira.

— Impossible; je lui ai fait sa leçon... Allons, bannis de vains scrupules, je te promets d'aller dégager Benoît dès que je toucherai quelque chose sur mon mois.

— Alors il restera longtemps en nantissement.

— Mais toi, tu ne me parles pas de ce que tu as fait?

— Oh! nous aurons un dîner superbe!... poissons, rôtis, entremets, rien n'y manquera.

— Mon ami, ce n'est pas délicat de manger un dîner qu'on ne peut pas payer...

— Quelle différence!... on me fait crédit volontairement!... La grosse maman m'a offert de me fournir au mois...

— Au mois!... ah! mon ami! quelle trouvaille tu as faite là!... encore onze traiteurs de bonne volonté, et nous voilà en pension pour l'année.

— Allons cesse tes folies, et mettons le couvert; nos dames ne tarderont pas à venir... Ah? que tu es gauche! tu ne sais point placer une assiette... Que penseront nos belles, en ne nous voyant pas un domestique pour nous servir !

— Elles penseront que nous avons renvoyé nos gens pour être plus libres de nous livrer à la gaieté et à la tendresse... elles nous en sauront même bon gré.

— Tu vois tout cela du bon côté; mais je crains que ce nigaud de Benoît ne fasse des sottises...

— Chut !... on frappe...

— Regarde au trou de la serrure: est-ce le dîner ?

— Non, c'est ma voisine.

La petite voisine est introduite; elle se blâme la première sur son inconséquence de venir dîner chez des garçons; mais ces messieurs lui promettent d'être discrets, et la rassurent en lui apprenant qu'elle ne sera pas la seule dame au dîner.

En effet mademoiselle Lise ne tarda point à venir ; elle fait une petite moue en apercevant une femme, mais son humeur se dissipe lorsqu'elle voit que ce n'est pas pour Gustave que la voisine est descendue.

Le traiteur arrive enfin, courbé sous le poids des matelote, fricandeau et biftek; on s'empresse de le débarrasser des plats qu'il apporte, on en couvre la table, et on se livre sans réserve à son appétit et à sa gaieté.

Pendant que ces messieurs et ces dames sont à table, voyons un peu ce que faisait le pauvre Benoît, métamorphosé par Olivier en *Benoît-son*, jockey anglais.

François arpentait les Champs-Elysées avec son compagnon qui n'avait garde de desserrer les dents, mais qui maudissait tout bas Olivier, le panier de vins et la culotte de peau.

François essaye d'entamer la conversation, mais Benoît ne répond que par des *yes* à tout ce qu'on lui dit, et le garçon marchand de vins cesse un entretien dont il fait seul les frais. On arrive enfin au magasin, François tout essoufflé, Benoît rouge comme un coq, parce qu'il prévoit que cela tournera mal pour lui.

— Est-ce que milord n'est pas content de son vin? demande le marchand en apercevant Benoît.

— *Yes*, répond celui-ci.

— Ce n'est pas cela monsieur, dit le garçon; milord n'a pas encore goûté le vin, mais il s'est rappelé en chemin qu'il lui fallait six bouteilles de vin d'Espagne, et nous venons les chercher.

— Six bouteilles de vin d'Espagne!... mais duquel, encore?...

— Milord n'a pas dit autre chose.

— Savez-vous, monsieur le jockey, quel est celui que votre maître préfère?

— *Yes*.

— Est-ce le madère, le xérès, le malaga...

— *Yes*, et toujours *yes*.

— Ah! j'entends, c'est le malaga... Voilà son affaire... Tiens, François, prends ce panier... Tu toucheras quatre-vingt-dix francs, au lieu de soixante... Milord demeure-t-il loin?...

— *Yes*.

— A l'Hôtel des Milords, dit François en prenant le panier... Allons, Allons, marchez, monsieur Benoît-son; je vous suis.

M. Benoît-son, qui ne savait plus ce qu'il devait faire, puisque Olivier lui avait défendu de donner son adresse et de retourner vers son maître sous peine de coups de bâton, ne répondait rien à François, restait comme un terme au milieu de la cour.

— Est-ce que le jockey a oublié son chemin? dit le marchand impatienté: où est l'Hôtel des Milords, mon ami?

— *Yes.*

— Que le diable l'emporte avec ses *yes!*... il paraît que ce jockey n'entend pas le français... Comment savoir à présent où loge son maître?... Ah!... c'est sans doute à l'hôtel Meurice où descendent les gros milords?...

— *Yes.*

— Bon; je l'ai heureusement deviné... François, va vite à l'hôtel Meurice avec M. Benoît-son.

— Oui, monsieur.

François se remet en marche; on est obligé de pousser le jockey dans la rue pour le faire trotter près du garçon marchand de vins; il cède enfin, et accompagne François en rechignant.

On arrive à l'hôtel Meurice; François fait des signes à son silencieux compagnon pour savoir s'il reconnaît l'hôtel, Benoît lâche une douzaine de *yes.*

Le garçon entre et demande l'appartement de milord.

Le concierge lui répond qu'il s'explique mieux; François pousse Benoît devant lui, et dit qu'il demande le maître de ce grand jockey-là; le concierge examine Benoît et répond qu'il ne l'a jamais vu, que d'ailleurs on dîne parfaitement et que les lords qui l'habitent n'ont pas l'habitude d'envoyer chercher du vin dehors.

François est furieux; il regarde Benoît entre les deux yeux, lui demande si c'est dans cet hôtel que son maître est logé ou dans un autre quartier.

Le jockey ne répond que *yes* à tout ce qu'on lui demande, le concierge éclate de rire ; et François, fort ennuyé de ses promenades, pousse Benoît devant lui et ne le perd pas de vue en retournant chez son bourgeois.

Le marchand de vins s'emporte contre François en le voyant revenir avec le jockey: il commence à craindre d'avoir été dupé par un fripon et à suspecter la loyauté de milord.

Il y a des voleurs en Angleterre comme ailleurs : cette idée inquiète le marchand, qui presse enfin Benoît de s'expliquer et d'indiquer la demeure de son maître.

Enfin il trouve un moyen pour connaître la vérité: il se rappelle qu'un monsieur qui demeure dans sa maison sait parler anglais; par lui on saura faire répondre le jockey. François court chercher le voisin, qui vient de suite interroger Benoît.

Mais en vain on presse le jockey de questions anglaises et françaises, il ne sort pas de ses *yes* et on ne peut tirer de lui aucun renseignement sur son maître.

Le marchand de vins voit qu'il a été dupe ; mais il lui faut une victime, et Benoît va être conduit en prison. Déjà François saisit au collet le faux Benoît-son, lorsqu'un militaire entre dans la maison. A sa vue, Benoît recouvre la parole : il crie, pleure, se débat, et va se jeter aux genoux du colonel de Moranval.

Le colonel allait dans la maison du marchand visiter un de ses anciens camarades, lorsqu'il entendit les cris de Benoît; il lui demande où est son neveu.

Le marchand vient réclamer son argent et expliquer ce qui lui est arrivé.

Le colonel, qui devine une partie de la vérité, paye au marchand le prix de son vin, se rend caution du valet, donne pour boire à François pour l'engager à ne point ébruiter cette aventure, et s'éloigne en emmenant Benoît, par qui il espère savoir enfin des nouvelles de Gustave.

CHAPITRE IV

ENCORE UNE FOLIE

Nos jeunes gens avaient oublié Benoît et leurs créanciers: tout au plaisir d'être à table avec deux femmes jeunes, aimables et jolies, ils se livraient à la gaieté la plus folle que leurs belles partageaient: on chantait, on riait, on disait tout ce qu'on pensait; on était aimable sans chercher à l'être; on avait de l'esprit sans prétention, de la malice sans méchanceté. Par-ci, par-là, ces messieurs prenaient un baiser à leur voisine, mais rien de plus: les petites femmes savaient maintenir les mains trop entreprenantes des jeunes gens, et elles faisaient bien: pour qu'une fête soit gaie, il ne faut pas qu'elle dégénère en débauche.

On était au dessert; le bouchon de champagne avait été frapper le plafond (ainsi que le marchand de vins l'avait promis à milord), le vin moussait dans les verres, et la liqueur pétillante achevait d'échauffer les esprits déjà exaltés des convives, lorsque plusieurs coups frappés rudement à la porte interrompirent Gustave au milieu d'un couplet bachique.

Les jeunes gens se regardent, incertains s'ils doivent ouvrir; les dames regardent ces messieurs, et cherchent à deviner dans leurs yeux le motif de leur inquiétude. On frappe de nouveau.

— Eh bien! messieurs, dit mademoiselle Lise, est-ce que vous n'entendez pas?

— Si fait nous entendons, dit Gustave, mais nous ne savons pas si nous devons répondre... c'est peut-être quelque visite importune...

— Ah! je devine! quelque dame qui vient voir ces messieurs... et on craint qu'elle ne nous trouve ici... Je vais ouvrir, moi; je veux connaître cette beauté dont on redoute la colère...

Mademoiselle Lise, qui n'écoute jamais ce qu'on lui dit lorsqu'il s'agit de quelque chose qui pique sa curiosité, court dans la première pièce, et, malgré les prières de Gustave et d'Olivier, va ouvrir la porte d'entrée, lorsqu'un jurement bien prononcé se fait entendre sur le carré, et change la résolution de la petite, qui revient pâle et tremblante vers Gustave.

— Ah! mon Dieu! c'est ce vieux bougon de colonel!...

— Qui? mon oncle?...

— Lui-même... Oh! j'ai bien reconnu sa voix!...

— Ah! mon Dieu!... il m'aura vu passer ce matin dans la rue!... Comment faire, Olivier?...

— Parbleu! qu'il frappe tant qu'il voudra, nous n'ouvrirons pas.

— Votre oncle est donc bien méchant? dit à son tour la petite voisine.

— Ah! madame! il n'est qu'emporté... mais il m'en veut parce que je ne me suis pas marié avec une jeune prude qu'il me destinait... Tenez, entendez-vous comme il frappe?... Ecoutons; je crois qu'il parle...

— Ouvrirez-vous, mille bombes? crie à travers la porte le colonel de Moranval; si vous n'ouvrez pas, j'enfonce la porte!...

— Ah! mon Dieu!... il le fera comme il le dit... s'écrie Lise en courant dans la chambre pour chercher un endroit capable de la dérober aux regards du colonel, qu'elle craint comme le feu.

Gustave se frotte le front, et cherche un moyen pour éviter son oncle; la petite voisine tremble à la voix de ce colonel qu'on paraît tant redouter, et Olivier avale plusieurs verres de champagne pour rappeler ses idées.

— Allons, il n'y a que ce moyen à tenter, dit Gustave en ôtant son habit, son gilet et sa cravate.

— Qu'allez-vous donc faire? demandent ces dames.

— Me coucher.

— Vous coucher!... devant nous!... quelle horreur!

— Mesdames, dans un cas urgent, on glisse sur ces puérilités. D'ailleurs, je garde ma culotte, et vous ne verrez pas ce qu'il vous plaît d'appeler maintenant une horreur.

— Finis cette dissertation, dit Olivier; quel est ton projet?...

— Je suis au lit, malade à la mort, depuis hier... tu me gardes...

— Bon! je comprends... mais ces dames?

— Ah! il faut les cacher pour un moment...

— Oui... mais où?... pas d'armoires assez grandes... Ah! le petit cabinet à l'anglaise; on y tient deux facilement...... Le colonel n'ira pas vous y chercher.

— Eh, bien! joli dessert que vous nous donnez là, dit la voisine.

— Pour moi, fit Lise, j'irai volontiers: l'arrivée du colonel m'a déjà donné la colique.

— Ce ne sera pas pour longtemps, mesdames; mais, de grâce, laissez-nous apaiser le cher oncle...

— Allons, puisqu'il le faut... entrons dans le cabinet à l'anglaise... Au moins, monsieur Olivier, donnez-moi votre flacon d'eau de Cologne.

— Le voilà, madame.

Les deux petites femmes se cachent dans le cabinet qui est derrière le lit de Gustave; Olivier enlève aussi vite qu'il peut les débris du dîner et les quatre couverts; puis, pendant que Gustave enfonce un bonnet de coton sur ses yeux et se fourre sous la couverture, il va, un mouchoir à la main et d'un air sentimental, ouvrir la porte au colonel de Moranval.

Le colonel s'impatientait; il allait effectuer sa menace et enfoncer la porte, lorsque Olivier parut devant lui.

— Ah! vous vous décidez donc à m'ouvrir enfin, monsieur! Savez-vous bien qu'il est indécent de laisser frapper aussi longtemps?...

— Monsieur le colonel, vous étiez le maître de ne pas rester à la porte...

— Oui, vous espériez que je m'en irais, je m'en doute bien... Je m'étais fait connaître, monsieur, et vous deviez...

— C'est pour cela, monsieur le colonel, que je n'ouvrais point.

— Comment vous osez...

— C'était pour ménager votre sensibilité...

— Ma sensibilité!... laissons ce verbiage. Où est mon neveu?...

— Chut!...

— Qu'est-ce à dire?...

— Chut!... de grâce!...

— Qu'entendez-vous par vos chut?... je veux voir mon neveu!...

— Vous allez le voir, monsieur le colonel... veuillez me suivre dans la seconde pièce... et marchez sur la pointe des pieds, je vous en prie...

— Vous moquez-vous de moi, monsieur Olivier?

— Ah! monsieur, je n'ai pas envie de rire... Ce pauvre Gustave... tenez, le voilà, monsieur le colonel; voyez dans quel état!...

Le colonel arrive devant le lit dans lequel Gustave se frottait le visage avec des figues sèches (pendant que son ami amusait son oncle) afin de se rendre le teint jaune et terreux.

Le colonel examine son neveu avec étonnement; Olivier se retourne et étouffe une envie de rire que lui donne la vue du visage barbouillé de Gustave.

— Qu'a-t-il donc? dit enfin le colonel en examinant son neveu d'un air assez incrédule.

— Ce qu'il a? monsieur le colonel!... une fièvre cérébrale et qui semble vouloir devenir putride et maligne.

— Une fièvre cérébrale!... depuis quand?...

— Depuis... hier...

— Et c'est pour guérir sa fièvre que vous avez été ce matin, déguisé en Anglais, escroquer du vin chez un marchand?

— Monsieur le colonel, le terme est un peu fort... et si mon ami n'était point malade...

— Morbleu! monsieur, je ne crois plus à vos contes... On ne guérit pas un malade avec du champagne.

— Aussi, monsieur, ne l'avais-je pris que pour moi afin de me donner des forces pour veiller mon ami.

— Et pour cela vous laissez son domestique en gage?...

— Nous n'en avions pas d'autres à offrir.

— Exposer ce garçon à être mis en prison!...

— Monsieur le colonel, Patrocle s'est fait tuer pour Achille; Pollux meurt six mois de l'année pour Castor; Orphée va aux enfers pour sa femme; saint Vincent de Paul s'est fait mettre aux galères pour des gens qui n'en valaient pas la peine; M. Benoît peut bien coucher en prison pour son maître.

— Il n'est pas question d'Orphée et de Pollux!... mais de mon neveu qui, grâce à vous, monsieur Olivier, ne fait plus que des sottises...

— Ah! monsieur le colonel, vous me flattez...

— Est-ce qu'il ne parle plus?...

— C'est qu'il est dans un assoupissement momentané, suite de l'accès qu'il vient d'avoir...

— Que diable a-t-il donc sur la peau?...

— Rien... c'est l'effet de la fièvre.

— Avez-vous été chercher un médecin?

— Pas encore, monsieur le colonel...

— Quoi! lorsque votre ami est malade...

— Monsieur le colonel nous n'avons pas d'argent pour acheter les drogues qu'il ordonnera sans doute...

— Quelle conduite!... pas d'argent pour vivre!...

— Monsieur le colonel, cela arrive tous les jours à des gens fort honnêtes.

— Cela ne devrait pas vous arriver, à vous qui avez un emploi... Au reste, je veux savoir la vérité, Allez me chercher un médecin, monsieur Olivier!

— Un médecin!... et pourquoi faire?...

— Mille escadrons! la question est singulière!... Allez, monsieur, je veux savoir si mon neveu est aussi malade que vous le dites; et dans tous les cas je ne le laisserai pas ici... Quel désordre!... des vêtements à terre!... des assiettes sous la table!...

— C'est que j'ai un chat, monsieur le colonel.

— Des bouchons... des... ah! ah! qu'est-ce que ceci?... Est-ce aussi pour votre chat, monsieur Olivier, que vous avez mis sous cette chaise ce ridicule de femme?...

— Ah!... mon Dieu!... je le trouve donc enfin!... c'est le sac à ouvrage de ma femme de ménage; elle l'a cherché ce matin pendant deux heures au moins, cette pauvre Fanchette!... elle croyait l'avoir perdu dans la rue!...

— Ah! vous avez une femme de ménage qui porte un sac de maroquin à fermeture d'acier?

— Oui, monsieur le colonel; oh!... tout le monde en porte maintenant... cela est devenu très commun.

— C'est fort bien. Allons, monsieur, ne perdez pas de temps... Je resterai près de mon neveu pendant que vous serez dehors...

— Oh! ce n'est pas la peine, monsieur le colonel, la portière montera le garder; d'ailleurs je crois qu'il dort...

— Je le veux ainsi, monsieur, et mille cartouches! je vous prouverai que j'ai du caractère.

Le colonel se fâchait; il n'y avait pas moyen de le faire changer de résolution.

— Ma foi,

— Non, monsieur, je ne suis pas dupe de votre maladie. (P. 62.)

se dit Olivier, Gustave et nos petites s'en tireront comme ils pourront; quant à moi, j'ai fait ce que j'ai pu, je me sauve.

Gustave n'était pas à son aise pendant la conversation du colonel avec Olivier; il avait pensé vingt fois éclater de rire, mais il s'était contenu dans l'espoir que son oncle ne resterait pas.

Lorsqu'il vit Olivier sorti et le colonel assis au

milieu de la chambre, il perdit courage et fut sur le point de jeter en l'air draps et couvertures; il craignait aussi que les jeunes femmes ne fissent du bruit dans le petit cabinet. Afin de distraire l'attention du colonel il se décida à lui parler, et, pour entamer la conversation, poussa un gémissement plaintif.

— Ah! ah!... dit le colonel, vous ne dormez plus, monsieur Gustave?

— Comment, c'est vous, mon oncle?

— Oui, mon neveu... Vous ne m'attendiez guère ce soir!... je conviens que sans Benoît je ne serais pas venu vous chercher ici...

— Ah! c'est Benoît qui... vous a dit...

— Oui, après avoir reçu vingt coups de bâton pour prix de son silence, et la promesse du double s'il me mentait...

— Pauvre Benoît!... il n'a pas reçu d'autres gages depuis qu'il est avec moi.

— Il me paraît que vous n'avez plus le délire, monsieur?

— Mon oncle, je me sens mieux pour le moment; demain j'aurai l'honneur d'aller chez vous si j'ai la force de marcher.

— Non, monsieur, vous y viendrez ce soir à pied ou en voiture. Je ne suis pas dupe de votre maladie, et... qu'est-ce que j'entends? on dirait...

— Ce n'est rien, mon oncle... c'est le carlin d'Olivier qui fait ses ordures...

— Un carlin! un chat!... vous avez donc tous les animaux ici?

— Olivier aime beaucoup les bêtes...

— Diable!... quel bruit!... votre carlin a donc le dévoiement?...

— Oui, cette pauvre bête a trop bu de lait...

— Mais il est donc sous votre lit?... Je crois que cela se sent jusqu'ici...

— Si vous vouliez aller chercher du sucre pour en brûler, mon oncle?...

— En brûler! sur quoi? à la chandelle sans doute... mais votre ami tarde bien à revenir?...

— Le soir, il n'aura trouvé personne.

— Allons, Gustave, habillez-vous et suivez-moi...

— Je vous assure, mon oncle, que je n'en aurai pas la force, et je puis à peine...

— Morbleu! j'entends du bruit. Cette fois ce n'est pas un carlin... c'est dans ce cabinet...

Le colonel approche du cabinet; Gustave se lève sur son séant, et, pour arrêter son oncle, oublie qu'il n'est déshabillé qu'à demi; le colonel, qui aperçoit la culotte de Gustave, ne doute plus qu'il ait été dupe de nouveaux mensonges; pour s'en éclaircir, il court au cabinet malgré les supplications de son neveu; il veut l'ouvrir, mais on a mis le verrou en dedans.

— Ah! ah! dit le colonel, c'est probablement la femme de ménage de M. Olivier qui cherche son ridicule dans les lieux à l'anglaise? Mais je suis curieux de connaître cette pauvre Fanchette; et dussé-je rester ici jusqu'à demain, je réponds qu'elle ne sortira pas sans que je la voie.

Cette menace épouvante les deux jeunes femmes, qui étouffaient enfermées dans le petit cabinet. Déjà plusieurs fois la voisine, qui avait vidé le flacon d'eau de Cologne pendant que mademoiselle Lise soulageait sa colique, avait voulu en sortir; mais la petite blanchisseuse, qui redoutait beaucoup le colonel, avait toujours retenu sa compagne en lui faisant un portrait effrayant de l'oncle de Gustave, et en exagérant les dangers qu'il y aurait à s'exposer à sa colère.

La honte d'être trouvée dans une pareille cachette retenait la petite enfileuse de perles, et la crainte fortifiait la résolution de Lise.

Cependant toutes deux étaient fort mal à l'aise, lorsque Gustave, qui devinait le désagrément de leur position, se sacrifia généreusement pour elles.

Il se lève, met un habit, gilet et cravate, et s'avance vers son oncle en lui annonçant qu'il est prêt à le suivre.

— Ah! drôle, dit le colonel, vous êtes donc guéri de votre fièvre?...

— Mon oncle, je m'expose à toute votre colère, vous le voyez; mais c'est pour deux femmes intéressantes, charmantes et innocentes, qui ne doivent pas s'amuser dans ce cabinet... je me sacrifie pour elles... je vous attends, mon oncle.

— Je devrais, avant de m'en aller, donner le fouet à ces innocentes qui se cachent dans le cabinet de garde-robe de deux mauvais sujets, mais je veux bien leur en faire grâce pour cette fois. Allons, marchez, monsieur, hâtons-nous de sortir: vos belles doivent êtes jaunes comme des citrons, et fumées comme des harengs.

Gustave prend son chapeau et sort de l'appartement avec le colonel en jetant un dernier regard sur les lieux à l'anglaise.

CHAPITRE V.

TROP LONG OU TROP COURT.

Voilà Gustave revenu chez son oncle; il s'attend à une forte mercuriale, à des reproches sévères sur sa conduite passée et présente; vous aussi, lecteur, vous croyez que le colonel de Moranval va crier, jurer, sermonner!... eh bien! pas du tout; le colonel ne dit pas un mot à son neveu; ils se retirent chacun dans leur appartement sans s'être adressé une parole. D'où provenait ce changement dans la conduite du colonel?

Peut-être voulait-il s'épargner des discours inutiles; peut-être, comme tant de gens, avait-il trop de choses à dire pour savoir par où commencer; peut-être enfin, et je crois que nous tenons le véritable motif de son silence, craignait-il en se livrant à toute sa colère de faire remonter sa goutte dans son estomac.

Gustave ne sait que penser de la modération de

son oncle; mais il est résolu de se rendre digne de son indulgence, et pour cela, il reste huit jours chez lui, menant une conduite exemplaire, ne sortant que rarement, travaillant une partie de la journée, et se couchant de bonne heure.

Le colonel ne disait mot; mais il observait son neveu: il commençait à sentir qu'avec un caractère comme celui de Gustave, on cède à la douceur, à la prière, tandis qu'on se révolte contre la force et l'autorité.

— Soit, dit le colonel, je veux bien être doux, et ne plus tant crier; Gustave est un jeune homme: il est étourdi, mais sensible; il aime les femmes, je les ai aimées jadis, je les aimerais bien encore, si ma goutte et mes rhumatismes me le permettaient: avant de gronder les autres, rappelons-nous ce que nous avons fait. Tâchons seulement que Gustave ne fasse pas de mauvaises connaissances, ce qui est la perte des jeunes gens, et marions-le, si cela est possible, parce que le mariage étant le tombeau de la folie, de l'amour et des plaisirs, Gustave deviendra nécessairement raisonnable, sage et rangé, lorsqu'il entendra sa femme crier, ses gens se disputer, et ses enfants pleurer; petit concert qui est en effet bien capable de faire fuir les ris et les amours.

Gustave commençait à étouffer de sagesse, et, pour se désennuyer, cherchait à faire un Frontin de Benoît, auquel il avait, en rentrant chez son oncle, administré un léger correctif pour lui apprendre à mieux jouer les jockeys anglais. Mais Benoît n'était pas né pour être le valet de chambre d'un jeune homme à bonnes fortunes; il n'entendait rien à l'intrigue, et Gustave perdait son temps et ses leçons, lorsqu'un matin son oncle le fit prier de passer dans son cabinet.

Gustave se hâte d'obéir; il s'approche de son oncle avec le respect et la soumission d'un neveu qui n'a plus le sou dans sa poche.

— Gustave, dit le colonel, il me semble que tu commences à te ranger un peu. Tu dois être las de la vie dissipée que tu as menée jusqu'ici. Pour achever de mûrir ta tête, j'en reviens à ma première idée, je veux te marier.

— Encore, mon oncle! Est-ce que vous avez pour moi une autre réponse en vue?

— Non; tiens, décidément je veux te laisser maître de choisir; je crois que tu me sauras gré de cette condescendance.

— Oui, mon oncle; vous êtes d'une bonté... Mais où choisirai-je une femme?

— A coup sûr ce ne sera pas dans les sociétés que tu fréquentes avec tes Olivier et tes grisettes. Tu vas venir avec moi dans des maisons honnêtes; tu y verras de jolies femmes; tu te fixeras et tu épouseras.

— Allons mon oncle, ainsi soit-il.

Gustave accompagne le colonel dans plusieurs sociétés où il trouve en effet des femmes qui lui plaisent, mais qu'il ne voudrait pas épouser. Lorsque M. de Moranval voit son neveu empressé près d'une nouvelle beauté, faisant le galant, lançant des œillades, il le croit amoureux et le questionne au retour sur ses sentiments.

— Eh bien, Gustave! cette grande blonde te plaît?...

— Oui, mon oncle; elle est gaie, aimable, spirituelle...

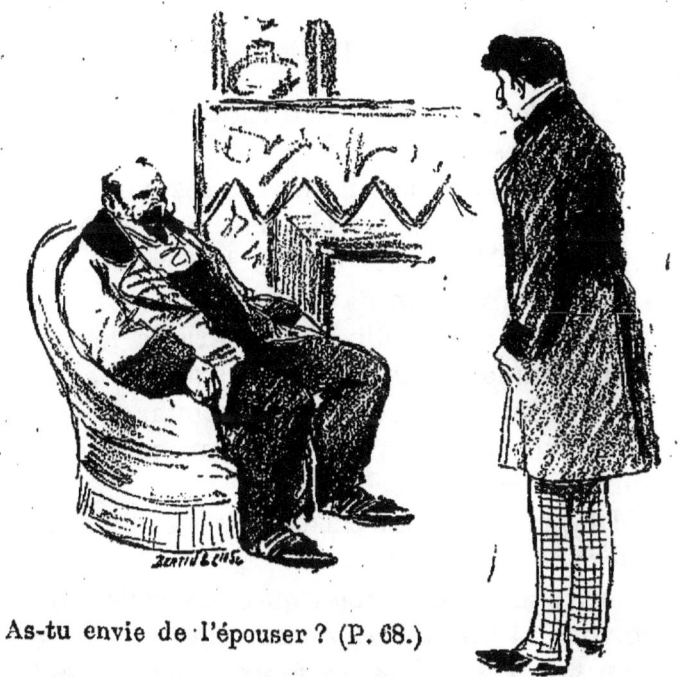

As-tu envie de l'épouser ? (P. 68.)

— As-tu envie de l'épouser?
— Non... elle a trop de prétention à l'esprit: en causant avec moi elle cherchait à se faire écouter des autres; elle parlait haut pour fixer l'attention; elle est coquette, enfin!... et je ne veux pas épouser une femme coquette.
— Et cette petite brune à laquelle tu as dit tant de douceurs, comment la trouves-tu?
— Charmante!... elle a de la grâce, de la tournure, une voix expressive...
— L'épouseras-tu?
— Non pas... elle chantait un *duo* avec un jeune homme et y mettait une expression... Mon oncle, une demoiselle qui l'est encore ne pourrait pas mettre autant d'expression dans son chant!...
— Mais cette autre si vive, si folle, qui danse si bien?...

— Ah! celle-là est bien séduisante!...

— Tu l'aimes?

— Comment ne pas l'aimer? ses yeux malins disent tant de choses!... elle rit avec une gentillesse!... et sa danse!... quelle légèreté!... quelle grâce! quelle précision dans ses pas!...

— Ah! c'est donc celle-là qui sera ta femme!...

— Ma femme!... Dieu m'en garde!... elle aime trop la danse; elle recherche l'hommage de celui qui pirouette le mieux, et je ne veux pas conquérir un cœur par des entrechats!...

— Mille cartouches! Gustave, tu es bien difficile à marier!

— Convenez, mon oncle, que j'ai raison dans ce que je vous ai dit sur ces demoiselles?

— Tu trouves toutes les femmes coquettes!

— Il y a du plus ou du moins; mais en général toutes les dames sont portées à la coquetterie, penchant bien naturel, bien excusable chez un sexe qui doit à ses charmes des hommages qu'on ne rend pas toujours au mérite et à la vertu. Les femmes doivent donc d'abord s'occuper de plaire pour affermir leur empire; c'est ce qu'elles font depuis leur printemps jusqu'à leur hiver.

— Elles ont raison, morbleu! et nous autres qui les trompons dans les quatre saisons de notre vie... comment nommeras-tu cela?

— C'est de la séduction, mon oncle.

— Ah! c'est de la séduction! quand tu as six maîtresses à la fois; quand tu te livres à la première brunette qui t'agace, quand tu courtises en même temps la mère et la fille, la maîtresse et la soubrette, la marquise et la brodeuse, c'est de la séduction!... Cela ressemble diablement à du libertinage!... Oui, mon neveu, les hommes sont libertins, séducteurs, si tu veux; tu l'es plus qu'un autre: ne t'érige donc plus en censeur des femmes, et estime-toi heureux qu'elles veuillent bien encore écouter tes sornettes et ne pas te rire au nez quand tu pousses de gros soupirs.

— Mon oncle, je vous assure que je ne censure personne...

— En voilà assez!... te marieras-tu, oui ou non?

— Oui, mon oncle; quand j'aurai trouvé une femme parfaite.

— Te moques-tu de moi? La perfection n'est pas dans la nature; nous naissons tous avec des défauts que l'éducation peut affaiblir et les leçons déraciner, mais je ne suis pas de l'avis de ceux qui prétendent que nous venons au monde bons comme des agneaux et doux comme du miel. Si cela était, verrait-on un enfant de deux ans trépigner des pieds et se pâmer de colère? Sont-ce les caresses de sa mère, les soins de sa nourrice, qui ont rendu celui-ci, à quatre ans, menteur, voleur, gourmand et entêté?

Nous naissons avec des défauts qui deviennent des vices, lorsque l'éducation et la surveillance des parents ne les ont pas corrigés. Il ne s'ensuit pas de là que nous sommes, en grandissant, excusables de nous livrer aux penchants de la nature; nous avons alors la raison pour nous éclairer et nous servir de guide; tant pis si nous n'écoutons pas ses conseils. Mais si la sagesse nous retient souvent, la faiblesse humaine l'emporte quelquefois: il est donc impossible d'être parfait.

En quel lieu trouverons-nous des hommes sages et commandant à toutes leurs passions? J'ai beau remonter à la création du monde, je n'y trouve point cet âge d'or dont ont parlé les poètes, et ce que chaque génération a appelé *le bon vieux temps*...

Le premier homme eut une femme coquette, et deux fils dont l'un a tué l'autre, les descendants de Caïn et d'Abel se sont si bien comportés, que Dieu a été obligé de leur envoyer le déluge. Les descendants de Noé se sont constamment battus les uns contre les autres.

Est-ce dans l'Asie, au temps de Sémiramis, qu'il faut placer l'âge d'or?... Quel assemblage de vices renfermaient ces villes fameuses, Ninive, Babylone, Persépolis, Ecbatane! Et cette Grèce si vantée, qui n'était composée que de petits royaumes toujours prêts à se déchirer eux-mêmes, toujours livrée à des tyrans ou à des fripons! Aristocratie, démocratie, oligarchie, factions, guerres, trahisons, esclavage décoré du nom pompeux de liberté, voilà quelle fut la Grèce.

Est-ce chez les Romains que nous trouverons la perfection?... Si elle est dans les arts, elle est bien loin de leurs mœurs! Leur république n'offre que batailles, carnage, décemvirs, tribuns, révolutions, loi agraire, des dictatures perpétuelles, des proscriptions; la pourpre des Césars ne nous montre qu'un Titus pour opposer aux Tibère, Néron, Caligula, Caracalla.

Est-ce sous les pontifes que les Romains étaient heureux? Je vois le fils d'un pauvre vigneron parvenir à la dignité suprême. Sixte-Quint s'assied sur le trône pontifical, et remplit l'univers du bruit de sa grandeur: il embellit Rome, élève des monuments; mais il augmente les impôts, le peuple est malheureux et appauvri. Sixte-Quint fut plus haï qu'admiré.

Est-ce le temps de la chevalerie que l'on appelle l'âge d'or? Sans doute il était beau de rompre une lance pour sa belle, et de se consacrer à la défense des dames; mais je vois, dans ces beaux temps, les vilains mangés par les vassaux, les vassaux mangés par les suzerains, et les suzerains dépouillés par les moines; je vois une jeune mariée forcée de donner sa fleur à un châtelain brutal, et des hommes, appelés serfs, traités par d'autres hommes comme le prophète Elie traita de pauvres petits garçons qui l'appelaient *tondu*.

C'est donc sous le bon roi Henri IV, que l'on a connu le bon temps? C'était en effet le désir de ce grand homme de rendre son peuple heureux; et, s'il n'eût tenu qu'à lui, les Français auraient connu l'âge d'or. Mais les rebellions, les guerres civiles, les fanatiques, les empoisonneurs, les assassins troublèrent le règne de Henri IV, qui périt comme Henri III.

Après ce bon roi, où irai-je chercher le bon temps et l'âge d'or... et cette perfection, cette sagesse constante qui n'existent pas?

— Mon cher oncle, vous avez oublié Salomon, dit *le Sage*.

— Ah! parbleu! une sagesse comme celle-là te conviendrait beaucoup: trois cents femmes et sept cents concubines! Peste! quel homme que ce Salomon! Mais voilà une dissertation qui m'a mené plus loin que je ne voulais, et tout cela est ta faute. Tu veux une femme parfaite! Tu ne te marieras donc pas?

— Pardonnez-moi, mon cher oncle. Il suffit pour

cela que je sois amoureux; celle que nous aimons est parfaite à nos yeux.

— Si tu m'avais dit cela plus tôt, mon cher neveu, tu m'aurais épargné ce bavardage sur la perfection, l'âge d'or et le bon vieux temps. Tâche donc de devenir amoureux: cela t'était si facile autrefois.

— Il est facile de trouver une maîtresse... mais une femme... Ah! mon oncle!...

— Est-ce qu'une maîtresse n'est pas une femme?

— Si fait; mais...

— Est-ce qu'on ne couche pas avec l'une comme avec l'autre?

— Sans doute...

— Est-ce qu'on ne fait pas des enfants à toutes les deux?

— Certainement... mais...

— Allons, va te promener avec tes *mais*... Tu n'as pas le sens commun, mon pauvre Gustave!... Ces messieurs qui ont tourné toutes les têtes, qui ont trompé des maris et fait le malheur des petites filles, sont, quand on veut les marier, d'une sévérité extrême sur le choix d'une épouse... Va, mon cher ami, quoique tu sois bien au fait de toutes les ruses des belles, ta femme, si cela lui plaît, te trompera comme un homme bien ignorant sur cet article.

— Je n'ai jamais douté de cela, mon oncle.

— Oui? Eh bien! en ce cas, allons nous coucher.

CHAPITRE VI.

L'AMOUR VRAI.

Un soir que Gustave revenait seul du spectacle, son oncle ayant préféré ne pas sortir, il aperçut une femme assise sur le banc à côté de la porte cochère de l'hôtel du colonel. Sans faire beaucoup attention à elle, Gustave allait rentrer, il tenait le marteau pour frapper, lorsqu'une voix touchante l'arrêta.

— C'est vous, monsieur Gustave, et vous ne me dites rien?...

— Grand Dieu!... quelle voix!...

— Vous ne me reconnaissez donc pas?...

— Serait-ce toi, Suzon?...

— Oui, monsieur, c'est moi, c'est la pauvre Suzon...

— Et que viens-tu donc faire à Paris?

— Je viens vous voir...

— Me voir!...

— Certainement. Je suis là à vous attendre

depuis deux heures... On m'a dit que vous étiez sorti, mais que vous reviendriez bien sûr, et je n'ai pas voulu m'éloigner de votre maison.

— Chère Suzon!... Mais je ne conçois pas... Avec qui es-tu venue à Paris?

— Avec personne...

— Et tes parents?

— Je ne leur ai pas dit que je m'en allais...

— Quoi! tu les as quittés?...

— Ils voulaient toujours me marier avec Nicolas et moi je ne voulais pas, parce que je pensais toujours à vous. Hier, on a fixé le mariage pour dimanche... et je me suis sauvée ce matin pour ne pas épouser Nicolas...

— Comment savais-tu mon adresse?

— M. Benoît m'avait dit la rue et le numéro, et je n'avais garde de rien oublier!... Est-ce que vous êtes fâché de me voir?...

— Pauvre Suzon!... fâché de te voir?... Ah! je t'aime trop pour cela... Mais cependant... comment allons-nous faire?

— C'est bien facile, je resterai avec vous...

— Mais il faut te loger... te coucher...

— Je coucherai avec vous... Vous savez bien comme je faisais lorsque vous étiez chez nous...

— Si j'étais seul, ce serait fort aise... mais je demeure chez mon oncle, et je ne suis pas le maître de faire tout ce que je veux...

— Ah! monsieur Gustave, vous ne m'aimez plus, je le vois bien!... Vous me chassez, vous me renvoyez d'auprès de vous!... vous voulez toujours que j'épouse Nicolas Toupet!...

— Ne pleure pas Suzon, ne pleure pas... Moi, te renvoyer! non, ma chère amie... Tu as fait une étourderie en quittant ta famille; mais j'en suis la première cause, et certes je ne t'abandonnerai pas. Cependant je voudrais bien que mon oncle ne sût rien de tout ceci... Si je pouvais te cacher...

— Oh! je ferai tout ce que vous voudrez!... Que je sois avec vous seulement et je serai contente.

— Je vais frapper..., je laisserai la porte entr'ouverte. Pendant que je parlerai au portier, tu entreras, tu te glisseras au fond de la cour... Nous verrons ensuite si les domestiques sont couchés... Tu m'entends bien?...

— Oh! soyez tranquille.

Gustave craignait le bavardage du portier, qui était le père de Benoît et aussi bête que son fils.

Notre jeune homme frappe, entre, va se placer devant le carreau du portier, qui lui apprend qu'une jeune fille est venue le demander; pendant ce temps, Suzon entre et se glisse au fond de la cour. Gustave ferme la porte et va retrouver la petite sous la remise.

— Te voilà dans la maison, dit-il à Suzon, maintenant je vais te conduire à ma chambre... puissions-nous ne rencontrer personne dans l'escalier!

Il la prend par la main et monte un escalier qui conduisait à son appartement et à celui de son oncle.

Arrivé sur le carré, Gustave s'arrête devant la porte; il aperçoit de la lumière dans la pièce d'entrée qui précède sa chambre à coucher; il fait monter un étage de plus à Suzon, et entre chez lui. Il trouve Benoît endormi sur une chaise en attendant son maître.

Benoît s'éveille; il demande à Gustave s'il n'a besoin de rien, et va monter à sa chambre, qui est sur les toits! mais il rencontrerait Suzon sur l'escalier; il faut donc au contraire le faire descendre.

— Benoît, je veux souper, dit Gustave; va à l'office me chercher quelque chose.

Benoît sort et descend; pendant ce temps, Suzon est introduite dans la chambre à coucher de Gustave. Benoît revient apportant une volaille et du vin; pendant qu'il pose cela sur la table, et que Gustave le presse de se dépêcher, Suzon, qui était dans la chambre sans lumière, renverse une chaise en cherchant à s'asseoir.

Benoît pâlit, la volaille qu'il tenait sur un plat roule à terre; il n'ose plus lever les yeux; Gustave ne sait que dire.

— Avez-vous entendu, monsieur?... dit enfin Benoît en tremblant...

— Oui, j'ai cru entendre...

Il y a des voleurs dans votre chambre... et moi qui suis resté seul ici pendant une heure!... Ah! mon Dieu!... si je m'étais douté de ça!...

— Allons, tu rêves, Benoît.

— Comment, monsieur? est-ce que ce bruit s'est fait tout seul?

— C'est le chien de mon oncle, sans doute.

— Oh! il y a longtemps que Fidèle est dans sa niche... ce sont des voleurs... je vais éveiller tout le monde...

— Garde-t'en bien... je te le défends... va te coucher, Benoît.

— Quoi, monsieur! vous voulez rester seul ici!...

— Va te coucher, te dis-je, et ne réveille personne, ou demain je te chasse!

— Mais, monsieur, vous voulez donc être tué cette nuit?

— Je n'ai rien à craindre. Tu es un sot; va-t-en, et tais-toi.

— Allons, bonne nuit, monsieur... je vais armer ma carabine; vous m'appellerez si vous avez besoin de moi... je tirerai mon fusil en l'air, ça réveillera tout l'hôtel.

— Benoît, fais-moi le plaisir de ne pas toucher à ta carabine, si tu ne veux pas que demain ma canne touche à tes épaules. Va te coucher et dors.

Benoît s'en va enfin, et Gustave est seul avec Suzon; il peut la voir, lui parler, l'embrasser, tout à son aise; il la trouve embellie, formée davantage depuis son départ du village. La petite se laisse embrasser, caresser. Elle revoit Gustave, il lui promet qu'il ne la renverra pas; elle est heureuse, elle ne désire plus rien.

Les jeunes gens soupent, et Suzon raconte à Gustave son voyage; elle est venue à pied d'Ermenonville à Paris, elle a fait onze lieues presque sans se reposer, tant elle craignait de ne pas arriver assez tôt près de son ami; aussi ses pieds sont écorchés, ses membres meurtris; mais en route elle ne sentait pas la fatigue, l'amour doublait son courage et ses forces.

— Pauvre petite! disait Gustave... Oh! cette femme-là m'aime bien!...

Il n'osait parler à Suzon de la douleur qu'elle causait à ses parents; il sentait bien qu'elle avait eu tort de les quitter pour venir le trouver, mais pouvait-il faire des reproches lorsqu'elle lui donnait une si forte preuve d'amour !

— Le sort le veut ainsi, pensait Gustave ; il était écrit que Suzon n'épouserait pas Nicolas, parce que j'aurais été à Ermenonville... Allons, jouissons du présent et ne nous inquiétons pas de l'avenir.

Gustave fit coucher Suzon avec lui. La petite retrouva dans les bras de son ami ces nuits d'amour qui avaient fait, depuis, le charme et le tourment de sa vie. Elle s'endormit enfin, heureuse et plus aimante encore, sur le sein de Gustave ; pour lui, réfléchissant à ce qu'il ferait de Suzon et aux moyens de la dérober aux regards de son oncle, il n'était pas aussi tranquille que la petite.

La colère du colonel serait terrible s'il trouvait la jeune paysanne chez son neveu ; et s'il apprenait que cette jeune fille, séduite par Gustave, a pour lui abandonné ses parents et son pays, cela serait bien pis encore !... Comment donc faire pour éviter tout cela ?... Renvoyer Suzon chez ses parents qui peut-être la maltraiteront !... Ah ! Gustave ne se

La petite se laisse caresser embrasser, (P. 78.)

sent pas ce courage... Suzon, qui est si sensible, si jolie!... Quel cœur pourrait se priver volontairement d'un pareil trésor!... ce ne peut être celui d'un jeune homme de vingt ans.

— Gardons Suzon avec moi, dit Gustave, cachons-la avec soin, tâchons de ne point donner l'éveil à mon oncle... et, ma foi, cela durera tant que cela pourra.

CHAPITRE VII.

LA JOURNÉE AUX CONTRARIÉTÉS.

Il était tard lorsque Gustave s'éveilla. Suzon dormait encore: faire onze lieues à pied, et coucher avec son doux ami! double raison pour avoir besoin de repos. Notre héros considérait la pauvre petite qui, pour venir le trouver, avait abandonné amis, parents, et le village où elle était née: Gustave faisait, sans le vouloir, des réflexions mélancoliques: l'avenir de Suzon l'inquiétait.

On frappe à la porte de l'antichambre. Gustave, se lève doucement pour ne pas réveiller Suzon, et va demander:

— Qui est là?
— C'est moi, monsieur, répond Benoît.
— Que me veux-tu?
— Comme d'ordinaire monsieur se lève à huit heures et qu'il en est bientôt dix, je craignais que

les voleurs n'eussent tué monsieur... et puis
M. le colonel vous attend pour déjeuner...

— C'est bon, je vais y aller.

— Est-ce que monsieur ne me donne pas son habit et ses bottes?

— Plus tard; laisse-moi tranquille.

Gustave revient près de la petite qui dort toujours. Il ne sait ce qu'il doit faire: son oncle l'attend, il faut se rendre près de lui... Mais que fera Suzon?... Elle ne peut passer la journée à dormir; il faut qu'elle déjeune, qu'elle dîne... Et Benoît, qui tous les jours fait la chambre et le lit de son maître, comment lui cacher Suzon? Si Benoît n'était pas un sot, on le mettrait dans la confidence, et il pourrait être utile aux jeunes gens; mais il n'y a pas moyen de se servir de lui.

Non seulement il est bête, mais il est bavard, indiscret; il ne pourrait se cacher avec son père, et le portier une fois instruit, c'était comme si l'on eût fait tambouriner la nouvelle dans l'hôtel.

— Diable!... disait Gustave en s'habillant, c'est embarrassant!... fort embarrassant!... Commençons par nous rendre près de mon oncle: fermons à clef la porte de ma chambre à coucher, et défendons à Benoît de parler de cette circonstance... Nous verrons ensuite avec Suzon ce que nous devons faire.

Gustave étant habillé, dépose un baiser sur les lèvres de sa jeune amie, qui est toujours plongée dans un profond sommeil, puis sort, ferme à double tour la porte de sa chambre à coucher, dont il met la clef dans sa poche, et se rend chez le colonel. Il trouve, devant son antichambre, Benoît qui l'attend sur le carré.

— Benoît, tu n'entreras pas dans ma chambre...
— Tiens !...
— Je n'ai pas besoin que tu mettes tout en désordre chez moi... D'ailleurs... j'ai acheté deux colombes que je veux apprivoiser, et tu les effaroucherais !...

— Oh ! que non, monsieur ; oh ! je me connais en volatiles !...

— Je ne veux pas que tu y touches...
— Mais votre lit, monsieur, est-ce que vous apprendrez aux colombes à le faire ?
— Je le ferai moi-même ; cela m'amusera.
— Ah ben ! par exemple !...
— Et je te défends de parler de cela devant mon oncle ni à personne de la maison... sinon... tu sais, Benoît, que tes oreilles se tirent facilement ?..

— Oh ! monsieur je ne parlerai pas... vous êtes bien le maître de faire votre lit si ça vous amuse !...

— C'est bien heureux !
— Ça fait que j'aurai moins de besogne !... v'là tout... et si monsieur veut battre ses habits et décrotter ses bottes ?...

— Non pas : tu peux entrer dans mon antichambre ; tu y trouveras tout cela.

Gustave monte chez son oncle, qui l'attendait pour déjeuner. Le colonel était en grande tenue ; Gustave n'y fit d'abord pas attention ; mais, après le déjeuner, il fut surpris d'entendre son oncle s'informer si l'on avait mis le cheval à son cabriolet.

— Vous allez sortir, mon oncle ?
— Oui, Gustave, et tu vas venir avec moi...

— Comment! moi?...

— Sans doute, tu vas m'accompagner; je ne vois rien là qui soit capable de te faire ouvrir de si grands yeux!...

— Mais mon oncle... je voulais ce matin travailler à...

— Peste! quel amour du travail! mais tu as toujours le temps. Tu peux faire demain ce que tu comptais faire aujourd'hui.

— Cependant... si cela vous était indifférent, je préfèrerais...

— Non pas, je veux que tu viennes avec moi... Allons, le cheval est mis, partons.

Gustave suit son oncle d'assez mauvaise humeur, mais il espère en être quitte pour quelques visites; pendant ce temps, Suzon achèvera de se reposer, et, comme ils ont passablement soupé la veille, elle attendra facilement le retour de Gustave.

On monte en cabriolet. Le colonel conduit, et Gustave voit avec inquiétude que l'on traverse la ville sans s'arrêter, et qu'on se dirige vers la barrière de l'Etoile:

— Mais que faites-vous donc, mon oncle? dit-il avec impatience, vous allez sortir de Paris?...

— Je sais où je vais, mon neveu.

— Comment! vous me menez à la campagne?...

— Je te mène dans une maison charmante où tu t'amuseras, j'en suis certain.

— Et moi j'en doute...

— C'est ce que nous verrons... D'ailleurs tu peux bien me sacrifier une journée...

— Comment une journée!...

— Ce soir tu me remercieras...

— Ce soir! mais vous comptez donc me garder jusqu'à ce soir?...

— Peut-être même passerons-nous la nuit chez M. de Grancière.

— Passer la journée... la nuit?... eh! non, assurément.

Gustave étouffait de dépit, d'impatience, d'inquiétude; il voulait sauter hors du cabriolet et laisser là son oncle: cependant quelques réflexions sages le calmèrent un peu. Il ne pouvait ouvertement désobliger et contrarier son oncle. En se jetant sur la route, il pouvait se blesser et ne pas revenir plus vite à Paris; il fallait donc prendre patience et attendre une occasion favorable pour s'esquiver de chez M. de Grancière.

— Ah! Suzon! pauvre Suzon!... que vas-tu penser!... que vas-tu faire toute la journée!... Mais je lui conterai ce qui m'est arrivé, je l'embrasserai; elle oubliera facilement les maux passés... et elle trouvera dans mes bras le dédommagement des chagrins de la journée.

C'est ainsi que Gustave cherchait à se consoler et à prendre patience. Le colonel lui racontait les exploits de M. de Grancière, son ancien camarade et compagnon d'armes; mais M. de Moranval perdait son éloquence à tracer le tableau des batailles, des assauts, des escarmouches où il s'était trouvé avec son ami; Gustave n'entendait rien de ce que lui disait son oncle; il ne pensait qu'à Suzon, qui, pour lui, allait passer la journée sans dîner.

— Mon oncle, est-ce que nous ne sommes pas bientôt arrivés? dit Gustave, interrompant le colonel au milieu d'un récit animé.

— Eh! morbleu! c'est comme cela que tu t'intéresses à mes dangers... quand je suis entouré d'ennemis et blessé à la tête...

— Mais, mon oncle, vous vous portez bien... nous ne sommes plus sur le champ de bataille... et nous avons déjà passé Courbevoie...

— Que diable as-tu donc aujourd'hui?... je ne t'ai jamais vu si pressé d'arriver...

— Mon oncle... j'ai des inquiétudes dans les jambes... et la voiture me fait mal...

— Si tu avais été, comme moi, douze heures blessé sur le champ de bataille, au milieu des morts et des mourants, tu ne te plaindrais pas des inquiétudes dans les jambes!... Tu as aussi des vapeurs, sans doute?... Allons, calme-toi, nous voici arrivés; cette belle maison, à droite, est celle de M. de Grancière.

Gustave calcule qu'ils sont à peu près à deux lieues et demie de Paris; mais avec un bon cheval, on peut faire ce trajet en moins d'une heure.

On descend devant une jolie maison de campagne. Le domestique fait entrer le cabriolet dans la cour.

— Ne dételez pas, lui dit Gustave.

— Si fait, si fait, dételez, dit le colonel: parbleu! le cheval aura le temps de se reposer.

Gustave se mord les lèvres, et suit son oncle en enrageant. On entre dans le salon, où le colonel présente son neveu à son ami... M. de Grancière est un homme aimable qui fait beaucoup de politesses à Gustave auxquelles celui-ci répond par quelques mots sans suite, prononcés d'un air distrait.

— Mon ami, dit le colonel à M. de Grancière, je te prie de pardonner à mon neveu; mais il a des jours où il ne sait ce qu'il dit, et ma foi, je te l'ai amené dans un de ses mauvais moments.

Cette plaisanterie fait rougir Gustave; il s'efforce de modérer son impatience et de prendre sur lui de cacher ses tourments. Une jeune femme d'une tournure élégante, d'une figure charmante, entre alors dans le salon.

— Voilà ma fille, dit M. de Grancière, ma chère Eugénie, que je vous présente.

Le colonel pousse Gustave, alors occupé à regarder dans les jardins, pour qu'il salue la fille de son ami. Gustave se retourne et se trouve devant une femme jeune et jolie; on ne veut pas paraître sot et gauche auprès d'une personne qui paraît réunir le bon ton à la beauté et aux grâces. Notre héros redevient aimable, enjoué, galant; il reprend tous ses avantages. Le colonel sourit; il s'approche de son neveu.

— Eh bien! lui dit-il, es-tu toujours fâché de m'avoir suivi?...

Gustave ne répond rien: il admire la charmante Eugénie; mais il soupire, il se retourne, il pense à la pauvre Suzon.

Plusieurs habitants de la ville arrivent; Gustave remarque qu'ils tiennent des bouquets et les présentent à la belle Eugénie.

— Il y a donc une fête ici? demande-t-il à son oncle?

— Oui, la fête de madame Fonbelle.

— Qu'est-ce que c'est que madame Fonbelle?

— C'est la fille de M. de Grancière, Eugénie.

— Ah! elle est mariée?

— Non, elle est veuve, et possède quinze mille livres de rente. Non seulement elle est jolie, mais elle est sage, bonne et remplie de talents et d'esprit... Que dis-tu de tout cela, Gustave?

— Je dis, mon oncle, qu'il faut se méfier de ces réunions de toutes les qualités; je suis certain que vous flattez un peu le tableau!

— Tu verras bientôt qu'il est loin du modèle.

— Et pourquoi donc, mon cher oncle, ne m'avez-vous pas présenté plus tôt à madame Fonbelle?

— Parce qu'elle habitait en Touraine, et que je ne voulais pas t'envoyer là pour que tu t'y conduises comme chez ce pauvre de Berly. Oh! je sais ce dont tu es capable.

La société se rendit dans les jardins avant le moment du dîner. Gustave cherchait un moyen honnête pour s'en aller, mais il n'en trouvait pas. Sortir brusquement d'une maison où il était reçu pour la première fois aurait été manquer à toutes les bienséances.

— Il faut absolument dîner ici, disait-il en lui-même; mais après dîner je feins une indisposition... un rendez-vous... ou bien je ne dis rien du tout, et je me sauve sans être vu. Mon oncle criera, se fâchera, tant pis!... Et madame Fonbelle... que pensera-t-elle de moi?... que je suis un original... un homme sans usage, sans politesse!... Il est bien désagréable d'être jugé ainsi par une femme charmante. Mais ma petite Suzon m'attend... elle n'a pour dîner et déjeuner que le restant de notre poulet d'hier... et il ne restait que la carcasse... Il est vrai que Suzon m'adore; et quand on est bien amoureux, on se nourrit de souvenirs et d'espérance.

Gustave se promenait dans une allée du jardin en faisant ces réflexions. Il aperçut madame Fonbelle, et s'approcha d'elle dans l'espoir de trouver le temps moins long en causant avec cette femme, dont son oncle faisait un portrait si flatteur. Il était bien aise aussi de paraître aimable, et devant s'en aller brusquement le soir, voulait laisser quelques regrets: l'amour-propre ne s'endort jamais.

La fille de M. de Grancière était bien séduisante: de l'esprit, des grâces, de l'enjouement, un peu de coquetterie, beaucoup de sensibilité, telle était Eugénie. Gustave lui témoigna le plaisir qu'il aurait à cultiver sa connaissance. Eugénie l'assura qu'il serait toujours le bienvenu, soit à Paris, soit à la campagne; elle reçut ses compliments en souriant, mais ne voulut point admettre ses excuses pour le soir.

— Non, monsieur, dit-elle, vous ne nous quitterez pas ainsi. Vous manquerez pour ce soir un rendez-vous, sans doute fort agréable, mais vous ferez ce sacrifice, et je vous en saurai beaucoup de gré.

Que dire à une femme charmante qui vous retient avec tant d'amabilité et pour laquelle on éprouve déjà... Eh quoi! de l'amour? allez-vous dire. Que voulez-vous, ce diable de Gustave a un cœur qui s'embrase si facilement... et madame Fonbelle a tant de charmes!

Mais Suzon... cette pauvre Suzon qui a tout quitté pour lui!... Oh! rassurez-vous, lecteur, il aime toujours Suzon; il n'a point oublié Julie; il rit encore avec Lise; et ne croyez pas que mon héros soit un être imaginaire... presque tous les hommes lui ressemblent. Nous ne sommes plus au temps où l'on n'aimait qu'une belle (si toutefois ce temps a existé); nous avons fait de grands progrès dans la galanterie: nous aimons le beau sexe *généralement parlant.*

Vivent les Français pour faire l'amour! Laissons les Allemands soupirer, se promener et admirer en silence avec leur amie « la goutte de « rosée tombant sur la dernière feuille d'automne; « le vent du soir murmurant dans les rochers et « portant à l'oreille d'un cœur passionné le soupir « amoureux échappé d'une bouche brûlante, et la « lune répandant sur la terre cette teinte douce et « mélancolique qui élève et transporte dans les « régions éthérées une âme exaltée et contem- « plative! »

Laissons les Anglais se brûler la cervelle ou se pendre avec leur amante; les Hollandais fumer au nez des femmes, et envoyer des bouffées de tabac en guise de compliments; les Turcs enfermer de jolis minois sous la garde de vilains eunuques toujours prêts à présenter le poignard ou le cordon; les Espagnols passer la moitié de leur vie à pincer de la guitare et à donner des sérénades; les Russes faire l'amour à coups de bâton; les Ecossais vendre leur femme au marché; les Indous prendre une épouse âgée de dix ans; les Arabes se cacher le visage et montrer leur derrière; les Hottentots se peindre le corps pour plaire; les Malais s'aplatir le nez et s'allonger les oreilles; laissons les Italiens attirer sur leur beau pays le feu qui brûla, jadis, Sodome et Gomorrhe, et qui, au lieu de tomber du ciel, sort maintenant des flancs du Vésuve.

Laissons... laissons tout cela, me direz-vous, et revenons à Gustave, que nous avons laissé près d'Eugénie. Que fait-il maintenant? Il donne la

On chante le nocturne, puis un duo. (P. 91.)

main à madame Fonbelle, et se rend avec toute la société dans un carré de verdure où l'on a mis le couvert.

Soit hasard, soit intention, notre jeune homme se trouve placé à table près d'Eugénie, et le repas ne lui semble pas long; il a cependant duré près de trois heures, et il fait nuit lorsque l'on passe dans le salon. Gustave jette les yeux sur une pendule...

— Oh! ciel!... il est huit heures!... et le temps d'arriver à Paris!... Cette pauvre Suzon doit se désoler... il faut partir...

Il se retourne... Eugénie est derrière lui; elle lui prend la main, l'entraîne au piano:

— Je sais, lui dit-elle, que vous chantez avec goût, que vous aimez la musique; venez, nous allons essayer un nocturne fort joli.

Il n'y a pas moyen de refuser: il faut suivre Eugénie au piano; on chante le nocturne, puis un duo, puis une romance. Toute la société applaudit; le colonel paraît enchanté; madame Fonbelle remercie Gustave, et ses yeux ont une expression de sensibilité!... On passerait sa vie à les admirer.

Mais la pendule sonne... dix heures... Gustave se lève brusquement.

— Dix heures! dit-il, et depuis ce matin elle m'attend!

Il gagne la porte du salon, descend dans la cour, demande le cabriolet... mais le cheval est encore à l'écurie; Gustave le prend, lui passe la première bride qu'il aperçoit, et sans étriers, sans selle, le monte, le presse, et se dirige ventre à terre vers Paris.

Il arrive dans la cour de l'hôtel en moins de trois quarts d'heure. Le cheval tombe contre la loge du portier; le père Benoît jette un cri, son fils fait un saut: Gustave n'est pas blessé, il se débarrasse du cheval, l'abandonne aux domestiques, et pousse Benoît vers l'office.

— Ce pauvre cheval, dit Benoît en soupirant, il n'en reviendra pas!...

— Benoît, monte-moi vite un pâté, une volaille, du vin, des confitures.

— Un pâté, monsieur?...

— Allons... va donc... ne m'as-tu pas entendu?... Oh! que tu es lent!

Benoît ne conçoit rien à l'appétit de son maître: il monte doucement une volaille dans un plat; Gustave l'attendait devant sa porte:

— Comment! tu n'apportes que cela?...

— Monsieur, comme je ne voulais rien casser, je n'ai pris qu'un plat à la fois...

— Oh! butor!... viens avec moi...

Gustave met la volaille sur le carré et descend avec Benoît à l'office. Il prend tout ce qu'il trouve, pâtisseries, légumes, fruits, vin; il charge Benoît et porte lui-même plusieurs plats. Benoît regarde Gustave d'un air étonné.

— Il paraît que monsieur a bien faim?...

— Cela ne te regarde pas... Mais va donc, maudit lambin...

— Monsieur, prenez garde; vous allez me faire casser quelque chose.

On monte l'escalier; un chien descend avec une volaille dans sa gueule; c'est Fidèle qui a flairé le plat que Gustave a laissé devant sa porte. Notre héros est furieux... il frappe du pied... crie après Fidèle... le chien, effrayé, court et se fourre dans les jambes de Benoît, qui tombe sur l'escalier avec tous ses plats et se couvre la figure avec du fromage à la crème.

Gustave ne se possède plus... il est désespéré, il ne sait ce qu'il fait; enfin il prend le parti d'abandonner Benoît avec le chapon, et se contentant du pâté et de quelques fruits, il entre chez lui, referme la porte de son antichambre, met le verrou et pénètre dans la retraite où l'attend Suzon.

La petite villageoise est assise près du lit; son mouchoir est sur ses genoux, elle a les yeux rouges et gonflés; elle fait un cri en apercevant Gustave, qui court l'embrasser.

— Me voilà, Suzon, me voilà...

— Ah! je croyais que vous ne reviendriez plus...

— Ah! Suzon, tu as pleuré...

— Oui, presque toute la journée... mais je vous assure que je n'ai pas fait de bruit...

— Pauvre petite... tu n'as donc pas dîné?

— Dîner! oh! je n'en ai plus envie... ce matin j'avais faim, mais mon appétit s'est passé...

— Tu croyais donc que je ne t'aimais plus?

— Dam', sans doute, puisque vous ne reveniez pas me voir... il y a bien longtemps que vous êtes parti!

— Ah! ce n'est pas ma faute... mon oncle m'a

La petite villageoise est assise près du lit. (P. 93.)

emmené: si tu savais comme la journée m'a semblé longue!

Gustave mentait peut-être un peu; mais il est des circonstances où un léger mensonge est nécessaire et même louable: il eût été barbare de dire à Suzon: J'ai vu une femme charmante avec laquelle j'ai chanté, et qui m'a fait oublier le temps. C'était la vérité cependant; mais comme vous voyez, toutes vérités ne sont pas bonnes à dire.

Gustave mettait sur une table devant Suzon le pâté, le vin, les fruits; il pressait la petite de manger, elle souriait à son ami; elle voyait à son empressement, à ses regrets, qu'il l'aimait encore; elle oubliait les tourments de la journée, et mangeait pour faire plaisir à Gustave.

Mais Gustave réfléchissait pendant que Suzon prenait son repas; il se disait:

— Ce qui est arrivé aujourd'hui peut arriver souvent encore, et entraîner de graves inconvénients; il ne faut pas laisser Suzon passer sa vie dans une chambre, sans oser parler haut ni remuer, de crainte d'être entendue; d'ailleurs sans sortir, elle tombera malade; on ne change pas impunément sa manière d'exister; une jeune fille accoutumée à courir dans la campagne, à se lever avec le soleil, à prendre beaucoup d'exercice, ne supportera pas l'air épais et méphitique de Paris, condensé dans une enceinte de vingt pieds carrés, et qu'elle ne peut renouveler elle-même sans être aperçue par les gens de l'hôtel. Et puis les propos de Benoît, auquel la conduite extraordinaire de son maître donnerait des soupçons, peuvent parvenir jusqu'au colonel; et, s'il trouvait Suzon!...

Allons, décidément elle ne peut rester à l'hôtel; il faut lui louer une petite chambre que l'on meublera proprement; là elle pourra chanter, parler, prendre l'air et manger quand bon lui semblera, et Gustave ira la voir tous les jours, le matin et le soir.

— Ma chère amie, dit Gustave à Suzon, je

viens de trouver un moyen pour que nous puissions nous voir sans danger: dès demain, je te loue une jolie chambre sur les boulevards et je t'y installe...

Suzon laisse tomber son verre et sa fourchette; elle écoute avec attention Gustave lui détailler les agréments dont elle jouira dans sa nouvelle demeure; quand il a fini, elle reste muette encore, mais deux ruisseaux de larmes s'échappent de ses yeux, et elle se jette aux genoux de Gustave et le regarde d'un air suppliant.

Celui-ci surpris de cette action, la presse de parler et veut la relever; elle s'obstine à rester à genoux et s'écrie en sanglotant:

— De grâce, ne me renvoyez pas de chez vous... monsieur Gustave: je vous promets que je ne ferai pas de bruit... je ne pleurerai plus... vous sortirez tant que vous voudrez... mais ne me chassez pas d'auprès de vous!...

— Que dis-tu ma chère amie? mais je ne te chasse pas... c'est pour que tu sois plus heureuse... tu pourras sortir avec moi...

— J'aime mieux rester dans votre chambre...

— J'irai te voir tous les jours.

— Oh! quand vous seriez parti, j'aurais trop peur de ne plus vous revoir; au lieu qu'ici il faut bien que vous rentriez coucher.

— Mais si mon oncle te découvre?...

— Ah bien! alors il sera toujours temps de me renvoyer... mais dans ce Paris!... Ah! je serais perdue si je ne demeurais pas avec vous.

Gustave ne put calmer la petite qu'en lui promettant de la laisser habiter sa chambre.

— Tu le veux, lui dit-il, reste ici: je désire

que nous ne nous repentions jamais de cette résolution.

Cette promesse rendit à Suzon toute sa gaieté; elle embrassa Gustave, courut dans la chambre, sauta, fit mille folies; elle croyait son bonheur désormais assuré. Gustave ne pensait pas de même, mais il ne voulut pas troubler sa joie, et s'endormit dans les bras de Suzon, regrettant pour la première fois, peut-être, que la raison n'eût pas triomphé de l'amour.

CHAPITRE VIII.

LA CHAMBRE MYSTÉRIEUSE.

Avant huit heures du matin Benoît frappait à la porte de son maître. Gustave se lève, et demande sans ouvrir la porte pourquoi on fait ce tapage.

— M. le colonel veut vous parler, répond Benoît.

Gustave s'attend à être grondé; il s'habille, ferme à clef sa chambre à coucher, et va chez son oncle. Benoît est très intrigué de voir que son maître a fermé sa chambre comme la veille, mais cependant il n'ose renouveler ses questions.

— Morbleu! monsieur, dit le colonel en apercevant son neveu, me direz-vous quel vertige vous a passé par la tête, hier soir? Vous sortez d'une maison charmante où l'on vous fait mille politesses sans offrir vos hommages à la maîtresse du logis, que vous laissez là au moment de lui accompagner une sonate!... vous vous sauvez comme si le diable était à vos trousses!..., vous montez un cheval qui n'a jamais été qu'au brancard... un cheval excellent... qui m'a coûté quarante louis! et pour terminer vos exploits, vous abîmez, vous crevez cette pauvre bête!... vous tombez dans la cour comme un boulet de quarante-huit, vous cassez les carreaux de la loge du concierge; vous effrayez tout le monde!... vous rendez presque imbécile mon portier (qui l'était déjà à moitié), et tout cela c'est pour courir à l'office... pour manger un pâté, une volaille... pour mettre le buffet au pillage, que vous aviez tant d'empressement à revenir! Je n'y conçois rien; vous aviez pourtant assez bien dîné...

— Mon oncle, il m'a pris en route une fringale insupportable...

— Eh! mille escadrons!... mange tant que tu voudras, tu en es le maître; mais il ne faut pas pour tes fringales crever mes chevaux et mettre ma maison sens dessus dessous!

— Mon oncle, est-ce que madame Fonbelle a paru fâchée de mon départ!...

— Oh! elle est trop bonne!... elle a été la première à m'apaiser!... mais tu lui dois des excuses...

— Oh!... je lui en ferai mon oncle... j'irai la voir...

— Et il faut, moi, que j'achète un autre cheval!... J'avoue que je te croyais quelque amourette en tête!... et je pensais que tu nous avais quittés aussi brusquement pour aller courtiser quelque minois chiffonné!... mais j'ai été bien surpris en rentrant d'apprendre que tu étais arrivé ici ventre à terre pour souper!... Peste!

quel appétit!... Ah! je t'en prie, une autre fois, mets un pâté et des brioches dans tes poches, afin de ne plus t'exposer à me jouer le même tour.

Gustave quitte son oncle.

En retournant à sa chambre, il rencontra Benoît, auquel il appliqua quelques soufflets pour lui apprendre à rendre compte de sa conduite à son oncle. Benoît pleura en protestant que Fidèle était le seul coupable, parce qu'il avait tourné auprès du colonel en tenant encore dans sa gueule une partie de la volaille qu'il avait volée sur le carré.

Gustave après avoir embrassé Suzon, prit un cabriolet et se rendit chez M. de Grancière. Il vit Eugénie, et s'excusa sur son départ de la veille. On reçut ses excuses, mais on le plaisanta sur son rendez-vous. Gustave crut s'apercevoir que madame Fonbelle était piquée; il en éprouva une secrète joie, il se flattait déjà de ne point lui être indifférent; mais malgré le plaisir qu'il goûtait dans sa conversation, il abrégea sa visite et fut de retour à l'hôtel avant quatre heures.

Il se hâta de se rendre auprès de Suzon, et ne la quitta plus de la journée. Il fit venir dans sa chambre tout ce qu'il fallut pour le dîner de la petite. Benoît avait été assez corrigé pour n'avoir plus envie de parler; d'ailleurs il ne passait jamais l'antichambre de son maître.

Plusieurs jours s'écoulèrent ainsi: Gustave ne quittait l'hôtel que pour aller voir madame Fonbelle, qui était revenue à Paris avec son père, la saison de la campagne étant passée. Hors ses visites à Eugénie, Gustave ne quittait point Suzon; il ne sortait de sa chambre que pour déjeuner et dîner avec son oncle lorsque celui-ci mangeait chez lui.

Le colonel était émerveillé de la conduite rangée de Gustave; il lui faisait même quelquefois la guerre sur son amour démesuré pour le travail.

— Mon ami, disait M. de Moranval à son neveu, il ne faut pas donner toujours dans les extrêmes: jadis tu étais étourdi, coureur, tu faisais le diable toute la journée; maintenant, tu t'enfermes dans ta chambre et tu n'en bouges plus!... tu travailles trop!... tu t'en rendras malade!... et la preuve c'est que malgré ta sagesse et ta conduite régulière, eh bien! tu n'engraisses pas du tout: au contraire, tu as une mine pâle, allongée, des yeux creux... cernés!... on croirait à te voir que tu passes toutes les nuits au bal ou en bonnes fortunes!...

— Mon oncle, l'étude fatigue aussi beaucoup.

— Eh! morbleu! n'en fais pas tant; voilà ce que je me tue à te dire. Viens avec moi dans le monde, et ne t'enferme pas dans ta chambre pour dessécher sur des livres et du papier!

Le temps devait agir plus efficacement que les conseils du colonel, Gustave tenait encore souvent compagnie à Suzon; mais, pour passer les heures qu'on ne peut pas employer sans cesse à faire l'amour (malgré l'envie qu'en auraient ces dames et ces demoiselles), Gustave enseignait à lire et à écrire à la petite, qui n'avait eu que quelques leçons du maître d'école d'Ermenonville (lequel n'était pas de première force), et qui, pour plaire à son bon ami, étudiait tout le temps qu'elle était seule.

Ces moments devenaient chaque jour plus

longs. Suzon était bien gentille, bien douce, bien aimante; mais Gustave la voyait tant qu'il voulait, il la retrouvait la nuit, il était accablé de caresses, et près d'elle il consultait souvent sa montre et inventait des prétextes pour sortir.

C'était près de madame Fonbelle qu'il retournait: là il trouvait le temps trop court. Eugénie, cependant, ne recevait qu'en plaisantant les hommages de Gustave; elle riait quand il soupirait, elle changeait de conversation lorsqu'il parlait de ses sentiments; elle se moquait de lui lorsqu'il était triste et rêveur. Mais, à travers cette conduite un peu coquette, Gustave découvrait des mouvements de sensibilité, de tendresse, qu'on cherchait à lui cacher, mais qu'on ne dérobe pas facilement à l'œil d'un amant.

Suzon n'adressait jamais un reproche à Gustave sur la fréquence de ses absences; elle soupirait lorsqu'il s'éloignait, elle pleurait lorsqu'il était longtemps sans revenir; mais dès qu'elle l'entendait entrer dans la première pièce, elle se hâtait d'essuyer ses yeux, elle renfonçait ses larmes et n'offrait à Gustave qu'un visage doux et riant.

Le colonel savait que son neveu allait souvent chez M. de Grancière; il voyait naître avec joie l'amour de Gustave pour Eugénie; il ne doutait pas que cette nouvelle passion ne fût cause du changement heureux qui s'était fait dans la conduite de son neveu. Il avait parlé à son ami de ses désirs, de ses espérances, et M. de Grancière avait répondu que sa fille était entièrement maîtresse de faire ses volontés et de se remarier si bon lui semblait.

— D'après cela, dit le colonel, les choses iront

comme je le souhaite; car Gustave doit plaire à
Eugénie, il a tout ce qu'il faut pour cela: et elle
l'épousera, parce qu'elle est trop honnête pour
lui céder sans être sa femme, et qu'il est ennuyeux de refuser toujours ce qu'au fond on
désire soi-même accorder.

Suzon avait, d'après les désirs de Gustave,
écrit une lettre à ses parents, contenant les expressions de son repentir pour le chagrin que sa fuite
avait dû leur causer ; elle rejetait sa faute sur
l'éloignement qu'elle ressentait pour Nicolas qu'on
voulait lui faire épouser; elle disait être placée à
Paris, mais elle ne donnait aucune adresse pour
qu'on lui fît réponse, car elle craignait qu'on ne
vînt l'arracher d'auprès de celui qu'elle ne voulait
pas quitter.

Un matin, que, contre son ordinaire, le colonel
se promenait dans sa cour, examinant un cheval
qu'il avait acheté nouvellement, il crut entendre
du côté de la remise prononcer le nom de son
neveu. Il approche contre le mur, s'arrête sans être
vu, et entend la conversation suivante entre Benoît
et son père qui nettoyaient le cabriolet du colonel.

— Tu dis donc, mon garçon, que M. Gustave ne
veut plus qu'on entre dans sa chambre ?...

— Non, certes, papa, il ne veut pas !... il me l'a
même bien défendu !...

— Et qui est-ce donc qui fait son lit... qui nettoie chez lui ?...

— Ah ! dame, je n'en sais rien... Il a acheté deux
colombes à ce qu'il m'a dit, et il s'amuse à les apprivoiser... C'est avec ses oiseaux qu'il joue toute la
journée, pendant que son oncle croit qu'il travaille...

— Bah!... il élève des oiseaux... à son âge!... C'est donc ça, Benoît, que je vois quelquefois des objets passer derrière les rideaux de sa fenêtre quand il est sorti...

— Oh! c'est ça! mais il faut que ces oiseaux-là mangent fièrement et boivent du vin; car M. Gustave en fait une jolie consommation!... Et des pâtés!... des volailles!... des fruits!... des gâteaux!...

— Mais, Benoît, ne serait-ce pas plutôt un singe qu'il élèverait en cachette pour faire une surprise à M. le colonel pour ses étrennes?...

— Ah! c'est possible!... Oui, ça doit être un ou deux singes! ...car j'entends aussi quelquefois remuer des chaises... et c'te fois entre autres que j'ai cru que c'était un voleur!... A coup sûr des oiseaux n'auraient pas fait ce bruit-là!... Je serais bien curieux de savoir au juste ce que c'est.

— Et moi aussi.

— Parbleu! je le saurai, moi, dit tout bas le colonel en s'éloignant de la remise... Des singes auxquels il faut des volailles et du vin!... Oh! il y a quelque chose là-dessous. Et cet amour extraordinaire que Gustave avait pris pour l'étude!... aurais-je été sa dupe?... voyons cela.

Le colonel n'était pas homme à différer de s'éclaircir sur un fait aussi singulier, et qui lui faisait concevoir mille soupçons. Il monte à la chambre de Gustave; il veut entrer, la porte est fermée à clef.

— Allons, dit-il, Benoît ne ment pas. Mais je verrai ce que l'on veut dérober à tous les yeux.

Il descend, et fait venir le valet de son neveu.

— Où est ton maître, Benoît?

— Monsieur, il est sorti.

— As-tu la clef de sa chambre? j'ai besoin d'y aller prendre quelque chose...

— Moi, monsieur?... non, je ne l'ai pas.

Benoît rougit et se trouble.

— Allons, calme-toi, lui dit Moranval, je sais que tu n'es pour rien dans les folies de mon neveu; il te trouve trop bête pour te prendre pour confident.

— C'est vrai, monsieur le colonel.

— Va me chercher des pinces, un crochet...

— Si monsieur le colonel voulait un serrurier?...

— Non, je m'en passerai; fais ce que je te dis, et tais-toi!

Benoît apporte au colonel ce qu'il demande, et suit M. de Moranval, qui monte à l'appartement de son neveu, mais, arrivé devant l'antichambre, le colonel se retourne et ordonne à Benoît de s'éloigner, ce que celui-ci fait à regret, car il est très curieux de voir ce qu'il y a dans la chambre à coucher de son maître.

Le colonel sait plutôt enfoncer une porte que forcer une serrure: cependant il remue si bien celle de la chambre de Gustave, qu'il parvient à détacher les vis; le pêne cède... il est dans la chambre mystérieuse.

Mais il regarde en vain de tous côtés. Il n'aperçoit ni singe ni oiseaux: cependant des vêtements qui ne peuvent appartenir à Gustave sont placés sur le pied du lit.

— Il y a une femme ici, dit le colonel; mais par où diable a-t-elle passé?...

En achevant ces mots, ses regards tombent sur

Je couche avec lui, Monsieur (P. 103).

une encoignure entre la cheminée et la fenêtre où Suzon s'était blottie en mettant un fauteuil devant elle.

Le colonel aperçoit la petite; il reste immobile devant la jeune fille, qui, de son côté, n'ose pas lever les yeux.

— Que diable faites vous-là ma petite?... dit enfin le colonel en recouvrant la parole.

Mais Suzon fermait les yeux et ne bougeait pas. Le colonel dérange le fauteuil et prend la main de la jeune villageoise qui tremble comme la feuille.

— Allons... rassurez-vous... je ne vous mangerai point... Répondez-moi, petite, et surtout dites la vérité...

— Oui, monsieur.

— Que faites-vous dans la chambre de mon neveu?

— Je demeure avec lui!...

— Ah! vous demeurez avec lui!... Je ne vois qu'un lit dans cette chambre.

— Je couche avec lui, monsieur.

— C'est fort bien!... Et depuis quand dure ce beau ménage?...

— Depuis six semaines, monsieur.

— Quoi! depuis six semaines vous êtes dans cette chambre!... vous ne sortez jamais?

— Oh! non, jamais, monsieur; j'avais trop peur d'être vue!

— Que faites-vous donc toute la journée?...

— Quand il est là, je le regarde, je lui parle, je l'embrasse... Quand je suis seule, j'apprends à lire et à écrire.

— Mais, morbleu! vous devez être seule souvent, car depuis quelques jours il sort beaucoup ; et ce genre de vie ne vous ennuie pas?

— Non, monsieur; je pense toujours à lui, je l'attends toujours... et je sais bien qu'il reviendra.

Le colonel considère Suzon: sa grâce, sa naïveté désarment sa colère: il recommence ses questions:

— Où avez-vous fait la connaissance de mon neveu?

— A Ermenonville, monsieur; il a logé chez nous.

— Ah! il a logé chez vos parents ; et pour prix de leur hospitalité, il a séduit et enlevé leur fille.

— Oh! il ne m'a ni séduite ni enlevée, monsieur; cela s'est fait tout seul!... J'ai été dans sa chambre, par hasard, et puis nous nous sommes aimés de suite...

— Et vous avez tout de suite couché ensemble?

— C'est vrai, monsieur.

— Allons il me paraît qu'à Ermenonville cela se mène aussi rondement qu'à Paris. Mais pourquoi avez-vous quitté votre pays, votre famille?

— Ah! monsieur, on voulait me marier à Nicolas Toupet, que je n'aime pas du tout!... J'aurais été bien malheureuse... et puis, je pensais tous les jours à M. Gustave, et je mourais de chagrin de ne plus le voir...

— Et votre mère, si elle mourait du chagrin que lui aura causé l'abandon de sa fille?... Si votre fuite la conduisait au tombeau?...

— Ah! monsieur!... ne me dites pas cela.

Suzon se mit à sangloter. Le colonel était vivement ému: il se promenait dans sa chambre, frappait du pied, regardait Suzon, s'arrêtait et jurait après son neveu.

Au bout d'un moment, il revint vers la petite, et lui prit la main:

— Allons, mon enfant, calmez-vous, ne pleurez plus, et écoutez-moi. Je ne vous ferai point de reproches sur votre conduite; vous n'en avez pas senti vous-même toute l'inconséquence... vous avez agi d'après votre cœur; et, quoiqu'on dise qu'il faut toujours se laisser guider par lui, le vôtre ne vous a fait faire que des sottises. Vous ne pouvez pas demeurer ici... c'est déjà beaucoup d'y être restée six semaines. Allons, mille escadrons! ne pleurez pas ainsi, ou je me fâche... Vous allez quitter cet hôtel...

— Ah! monsieur!... prenez-moi pour votre domestique... je vous servirai, je travaillerai...

— Non pas, pardieu!... une bonne comme vous mettrait mon hôtel sens dessus dessous!... Et croyez-vous que Gustave serait content de vous voir mêlée parmi mes gens? Non, mon enfant, il faut sortir de cette maison: il n'y a point à revenir là-dessus. Voulez-vous maintenant rester à Paris, ou retourner chez vos parents?

— Ah! monsieur, ne me renvoyez pas au village, on me ferait épouser Nicolas pour me punir.

— Morbleu! vous détestez bien ce Nicolas; et cependant si vous ressembliez aux femmes de Paris, cela ne vous empêcherait pas de... mais il n'est pas question de cela. Vous ne retournerez pas à votre pays, j'y consens; mais je vais vous placer quelque part, et vous écrirez à votre mère où vous serez. Voyons... où diable pourrai-je vous placer?...

— Cela m'est égal, monsieur; puisque je ne serai plus avec lui, je ne puis plus être heureuse...

— Bah! bah! propos d'enfant que tout cela... L'amour passe, ma petite; et si vous aviez plus d'expérience, vous sentiriez que celui de Gustave est déjà... Enfin, l'amour ne fait pas vivre, et il faut songer à votre avenir. Mon neveu est un étourdi qui vous aurait laissée moisir votre jeunesse dans sa chambre... tandis que lui... Ah! morbleu! les hommes ne méritent guère les pleurs que vous répandez pour eux.

Le colonel ne sait à quoi se décider; il cherche ce qu'il pourra faire de Suzon, qu'il ne veut pas et qu'il ne peut point garder à l'hôtel, mais dont il a résolu de prendre soin, parce qu'il a reconnu que, tout en demeurant dans la chambre d'un garçon, la jeune villageoise a moins d'expérience que n'en ont certaines demoiselles qui habitent avec leurs parents.

Suzon ne dit plus rien; elle regarde timidement M. de Moranval, et attend qu'il dispose de son sort. Le colonel sort de la chambre à coucher, et ouvre la porte de l'antichambre pour appeler Benoît... mais il n'a point besoin de prendre cette peine : le portier et son fils sont collés contre l'escalier, attendant que le colonel sorte de chez son neveu avec les curiosités qu'ils brûlent de voir.

M. de Moranval les regarde avec sévérité:

— Que faites-vous là? leur dit-il brusquement.

— Monsieur le colonel... nous... nous... attendons vos ordres, répond le portier en ôtant respectueusement son bonnet de coton.

— Dites plutôt que vous attendez que je sorte de cet appartement pour y entrer vous-mêmes, et voir le singe que mon neveu tient renfermé...

— C'est donc un singe, monsieur le colonel?...

— Allez à votre loge; je n'aime pas les indiscrets.

Le colonel pousse le portier, qui pousse son fils; et tous deux s'éloignent, confus d'avoir été surpris et mécontents de ne rien savoir.

M. de Moranval se rend chez madame Duval, femme chargée de soigner le linge de la maison, et qui demeure dans une petite chambre de l'hôtel. Madame Duval n'est ni curieuse, ni bavarde, aussi depuis dix ans elle sert le colonel.

— Madame Duval, dit le colonel en entrant dans la chambre de la vieille ouvrière, j'ai une jeune fille à placer; indiquez-moi quelque boutique où le genre de commerce que l'on y fait n'expose pas une fillette à courir sans cesse les rues de Paris ou à entendre les quolibets des acheteurs.

— Monsieur le colonel, répond madame Duval après avoir réfléchi un moment, je ne connais que madame Henry, mercière, rue aux Ours; c'est elle qui me fournit ce dont j'ai besoin pour l'hôtel, et justement elle me demandait l'autre jour si je pourrais lui procurer quelqu'un.

— Et votre madame Henry est honnête?

— Oui, monsieur; c'est une femme veuve; elle

est jeune, gaie, elle va le dimanche au spectacle; mais du reste elle est sage, et ne reçoit point de gens suspects...

— Fort bien!... Je ne veux pas d'ailleurs placer cette petite dans un couvent, ni chez quelque prude revêche!... Je veux qu'elle s'occupe et qu'elle s'amuse ensuite, rien de plus juste. Madame Duval, allez me chercher un fiacre, et disposez-vous à m'accompagner chez madame Henry.

— Mais, monsieur le colonel, il faudrait au moins la prévenir...

— Cela n'est pas nécessaire. Elle vous connaît? elle doit me connaître de nom, au moins, puisqu'elle fournit ma maison, et cela doit suffire. Allez, madame; vous ferez entrer le fiacre dans la cour, et il s'arrêtera tout contre l'escalier du milieu.

Madame Duval sort. Le colonel remonte près de Suzon.

— Allons, ma petite, faites un paquet de ce qui vous appartient, et disposez-vous à me suivre.

— Quoi! monsieur... aujourd'hui?...

— Tout de suite.

— Mais il faut que je lui dise adieu...

— Non pas, cela serait fort mal vu; il faut au contraire vous éloigner avant son retour.

— Ah! mon Dieu!... que dira-t-il lorsqu'il ne me trouvera plus?...

— Je lui dirai que c'est moi qui vous ai emmenée.

— Il aura bien du chagrin!...

— Il sentira que j'ai eu raison.

— Il sera bien en colère!...

— Parbleu je voudrais voir cela.

Suzon pleure, se désole; elle demande à attendre Gustave. Le colonel est inexorable.

— Mais au moins, monsieur, dit-elle en sanglotant, viendra-t-il me voir?... Lui direz-vous où je serai?

— Oui, dit le colonel qui ne veut pas la désespérer tout à fait; oui, mon enfant, vous le reverrez si vous êtes plus raisonnable, si vous vous conduisez bien.

Cette assurance calme un peu la douleur de Suzon; elle essuie ses yeux, fait un petit paquet de ce que Gustave lui a acheté depuis qu'elle est avec lui, et attend les ordres de M. de Moranval.

Une voiture entre dans la cour et s'arrête tout contre l'escalier.

— Descendons, dit le colonel.

Il prend Suzon par la main; elle tourne encore ses regards vers cette chambre qui était pour elle l'univers; son sein se gonfle, ses genoux fléchissent; mais elle retient ses pleurs, de crainte d'irriter le colonel.

Le fiacre est en bas, la portière est ouverte, le colonel fait monter la petite; il se place auprès d'elle, et fait mettre madame Duval de l'autre côté. Il ferme les glaces, et ordonne au cocher de les mener rue aux Ours. La voiture sort de l'hôtel; MM. Benoît père et fils sont dans la rue en face de la porte; ils lèvent la tête, tendent le cou pour découvrir ce qu'on emmène dans le fiacre, mais Suzon est cachée par madame Duval et le colonel; ils en sont quittes pour leurs œillades et quelques éclaboussures.

On arriva chez madame Henry. La mercière

est bien surprise de voir entrer chez elle le colonel de Moranval, madame Duval et une jeune fille qui a les yeux rouges et peut à peine se soutenir.

— Madame, dit le colonel, vous avez demandé une fille de boutique à madame Duval, je vous en amène une. Elle est fort triste, comme vous voyez, mais elle vous contera ses petits chagrins; vous la plaindrez d'abord, vous lui parlerez raison ensuite, et avec le temps tout cela s'arrangera. Je vous recommande mademoiselle Suzon, à laquelle je m'intéresse beaucoup. Comme elle ne sait encore rien faire et qu'il faudra que vous preniez la peine de la former, voilà vingt-cinq louis pour la première année de sa pension. Répondez, madame, cela vous convient-il?

— Monsieur, dit madame Henry un peu étonnée de la promptitude avec laquelle le colonel traitait les affaires, certainement votre recommandation et celle de madame Duval suffisent pour que je reçoive mademoiselle chez moi... si toutefois elle veut bien y rester.

— Oui, madame, dit Suzon en soupirant, je ferai tout ce qu'on voudra.

— Allons, voilà qui est terminé, dit le colonel à madame Henry, je vous recommande de nouveau cette enfant, qui n'a que le défaut d'être trop sensible. Au revoir, petite: madame Duval me donnera souvent de vos nouvelles, et si vous vous conduisez bien, je ne vous abandonnerai pas. Adieu! demain vos parents sauront que vous êtes dans un lieu où vous n'avez point à rougir.

Le colonel s'éloigne, laissant Suzon chez madame Henry. Nous retrouverons plus tard la petite villageoise: sachons d'abord ce que faisait Gustave pendant qu'on lui enlevait sa compagne de nuit.

Notre héros avait passé une partie de la journée chez madame Fonbelle. Lorsqu'il revint à l'hôtel, MM. Benoît père et fils étaient dans sa chambre, dont ils faisaient la visite. En voyant le fiacre s'éloigner avec le colonel, les deux domestiques avaient calculé qu'ils auraient le temps de monter à l'appartement de M. Gustave: ils avaient trouvé ouverte la porte de la chambre mystérieuse, et ils cherchaient dans tous les coins s'ils apercevaient quelque chose qui pût les mettre sur la voie de ce qu'on tenait caché dans cette pièce.

Gustave monte chez lui; il trouve avec étonnement la porte de sa chambre ouverte; il croit que c'est un oubli de sa part. Il entre... mais, au lieu de Suzon, il voit le portier furetant dans une grande armoire, et Benoît à genoux regardant sous le lit.

— Que faites-vous ici? s'écrie Gustave... comment y êtes-vous entrés?... Répondez donc, misérables!

Le portier et son fils ne trouvaient pas d'excuse, et restaient muets. Gustave prend Benoît par une oreille, le secoue vivement:

— Me diras-tu, drôle, où elle est maintenant?...

— Où elle est, monsieur?...

— Oui, qu'en a-t-on fait?...

— Ce qu'on a fait de quoi? monsieur, nous n'avons pas aperçu vos colombes!...

— Ce sont elles que je cherchais, monsieur, dit le portier en tremblant.

— Mais enfin qui a ouvert cette porte ?...
— C'est monsieur votre oncle, mais il est entré tout seul... Il a fait venir un fiacre...
— Et il l'a donc emmenée ?...
— Apparemment, monsieur. Il a emmené quelque chose, bien sûr, mais nous n'avons rien pu voir.
— Sortez...

Le portier et son fils ne demandent pas mieux que de s'en aller. Gutave cherche dans sa chambre si Suzon a laissé quelque écrit; mais il ne trouve rien; c'en est fait, Suzon est perdue pour lui ! Mais il ne l'aimait plus, direz-vous, il s'ennuyait auprès d'elle, il la quittait pour Eugénie...

Oui, quand Suzon était chez lui, il n'éprouvait plus avec elle ces transports, cette ivresse qui caractérisent l'amour; il la délaissait une partie de la journée; à peine revenu près d'elle, il cherchait un motif pour la quitter encore !... mais depuis qu'elle n'est plus là, depuis qu'on la lui a enlevée, il sent renaître son amour; il brûle de

Gustave prend Benoît par une oreille.
(P. 114.)

la revoir, de lui parler, de l'embrasser!... Voilà la bizarrerie du cœur humain, et comme dit fort bien certaine chanson:

> On veut avoir ce qu'on n'a pas,
> Et ce qu'on a cesse de plaire.

FIN DU DEUXIÈME VOLUME.

TABLE DU DEUXIÈME VOLUME

                                                               Pages

Chapitre i.   — Méprise. — La patrouille. — La
   petite blanchisseuse   5
Chapitre ii. — On fait connaissance avec Mme Du-
   bourg   18
Chapitre iii. — Un dîner de jeunes gens   31
Chapitre iv. — Encore une folie   54
Chapitre v.   — Trop long ou trop court   65
Chapitre vi. — L'amour vrai   74
Chapitre vii. — La journée aux contrariétés   81
Chapitre viii.— La chambre mystérieuse   98

PARIS. — IMP. P. MOUILLOT, 13, QUAI VOLTAIRE.

www.ingramcontent.com/pod-product-compliance
Lightning Source LLC
Chambersburg PA
CBHW070522100426
42743CB00010B/1914